대동강 건너, 요단강 넘어

– 순교자 서용문 목사 순교 60주년 추모문집

대동강 건너, 요단강 넘어
– 순교자 서용문 목사 순교 60주년 추모문집

초판 1쇄 발행 | 2010년 10월 23일
초판 2쇄 발행 | 2011년 1월 20일

지은이 | 서광선 서인선 서철선 서만선 홍경만
펴낸곳 | 도서출판 동연
펴낸이 | 김영호
등 록 | 제1-1383호(1992년 6월 12일)
주 소 | 121-826 서울시 마포구 망원2동 472-11 2층
전 화 | 02)335-2630
팩 스 | 02)335-2640
이메일 | ymedia@paran.com
누리집 | www.y-media.co.kr

Copyright ⓒ서광선 서인선 서철선 서만선 홍경만, 2010

※ 이 책은 저작권법에 따라 보호받는 저작물이므로 무단 전재와 복제를 금합니다.
※ 책값은 뒤표지에 나와 있습니다.
※ 잘못된 책은 바꾸어 드립니다.

ISBN 978-89-6447-127-2 (93200)

대동강 건너, 요단강 넘어

서용문 목사 순교 60주년 추모문집

홍경만 서만선 서철선 서인선 서광선

서용문 목사

□ 순교자 서용문(徐用文) 목사 약력

1905년	함흥 출생
1920년	강계 영실학교 입학
1926년	강계 영실학교 졸업
1927년	평양신학교 입학
1928년부터	평북 위원, 초산 등지에서 교회 개척
1930년	김경숙(1907~1943)과 결혼
1938년	평북 만포진에서 식료품 잡화상 경영
1939년	만주 통화성 쾌대모자 교회의 전도사로 조선족 선교
1941년	만주 본계호시 전도사 취임, (심양시 소재) 봉천신학교 편입학
1944년	한진모(1910~1995) 전도사와 재혼, 봉천신학교 졸업
1945년	해방, 평북 강계로 귀국, 예수교장로회 산서노회에서 목사 안수
1945년부터	평북 후창교회, 평남 용악리교회, 평양 보령교회, 장포동교회 등에서 시무
1950년	6·25 한국전쟁 발발, 같은 해 10월 평양 대동강 하류에서 인민군에 의해 총살형

머리말

순교 60주년 회고록을 내면서

2010년, 올해는 우리나라가 일본의 속국, 식민지로 강제 병합된 지 100년이 되는 해입니다. 그리고 1945년 해방과 함께 38선을 가운데 두고 남과 북으로 분단된 지 얼마 안 되어 1950년 6·25 한국전쟁이 터져서 같은 피와 역사를 나눈 동족끼리 피 흘리며 싸운 지 60년이 되었습니다.

저희 아버지 서용문 목사님은 일제 침략의 와중에 태어나서 일제 하에서 교육받고 신학공부를 시작하여 교회 전도사로 저 북쪽 중국과 집경하고 있는 압록강가 시골 교회들을 개척하면서 헌신하셨습니다. 일제가 한국 교회에 강요한 신사참배를 거부하고, 민족의 해방을 위하여 기도하고 설교한 항일 애국 목회자였습니다. 가난한 시골 교회 전도사의 집안에서 자라난 우리 자녀들은 가난했고 힘들었고 외로웠지만, 아버지의 애국심과 신앙심으로 꿋꿋하게 자랐습니다.

해방된 조국으로 돌아왔으나, 북한은 공산 정권이 지배하는 땅이 되었습니다. 기독교를 박해하는 정권 밑에서 신앙을 지키는 교인들과 동고동락해야 한다는 목회자의 정신으로 헌신하다가 6·25 한국전쟁의 희생자로, 반공 목사의 낙인이 찍혀 공산군에 납치되어 총살당하셨습니다. 1950년 10월 하순경, 남한 군대와 유엔군이 평양을 탈환한 뒤, 전쟁의 희생자들을 찾아 나선 우리 교인들과 가족들에게 들려온 소식은 서용문 목사님이 다른 목사님들과 한 밧줄에 묶여 총살당한 채 대동강 하류 강기슭에 떠 있다는 것이었습니다. 아버지 서용문 목사님을 대동강이 내려다보이는 장포동 교회 뒷산에 장례 지내고 평양을 떠난 지 60년이 됩니다.

지난 60년 동안, 우리 자녀손들이 모여서 단 한 번도 순교자 아버지의 제사는 물론 추모예배를 드린 적이 없습니다. 불효자식들이었습니다. 이제 맏아들이 팔순이 되었고, 막내가 70 고개를 넘어서, 더 늦기 전에, 우리 모두 하늘나라에 가기 전에 이 세상에서 순교자 아버지를 기리는 행사를 해야겠다고 마음먹었습니다. 우리 자녀손들의 신앙을 위하여 기도하고 순교자 남편을 기리기 위하여 우리 어머니 한진모 권사가 30여 년 동안 출석한 교회에서 아버지의 추모예배를 드리는 것이 도리라 생각했습니다. 봉원교회는 서용문 목사님과 한진모 권사님의 자녀손들이 주일마다 모여서 예배드리고 봉사하는 믿음의 고향입니다. 봉원교회 박용권 목사님과 당회가 저희 아버지 서용문 목사님의 순교 60주년 기념 추모예배로 모이게 해 주신 것 진심으로 감사드립니다.

이 책에는 우리 살아남은 세 형제의 글과 외동딸과 그의 남편, 유일한 사위의 글을 실었습니다. 아버지에 대한 기억들을 더듬어서 쓴 회고록입니다. 어렸을 때 순교하신 아버지에 대한 기억이 선명하거나 많은 것이 아니어서 각인 찍힌 진한 인상들만 적었습니다. 그러나 어린 소년 소녀들이 평양에서 아버지를 잃고 남으로 피난 나오는 길에서 겪은 일들에 대한 생생한 기록을 담았습니다. 눈물로 쓴 회고록입니다. 평양을 떠나 남으로 피난 나오던 길은 고난과 고초의 길이었습니다. 자유를 향해서 해방을 지향하여 집을 떠나 미지의 세계를 향한 옛날 이스라엘 백성들의 40년 동안의 고생과 고난을 연상하게 하는 해방의 여정을 여기에 실었습니다.

순교자 아버지를 기리는 글들이지만, 순교자 자식들이 순교자의 신앙을 지키고 그의 뒤를 따라 올곧게 살아온 인생 이야기는 순교자의 고난의 삶 그 자체로 읽힙니다. 목숨을 던진 순교자의 생은 숭고합니다. 그러나 그 순교자의 삶을 이어받는 일은 순교자 자신들의 인생만큼이나 숭고하다는 것을 느끼게 합니다. 목숨을 바친 순교자만큼, 살아 있는 순교자, 살아남아야 하는 순교자의 아픔과 외로움과 신앙과 인생을 위한 헌신을 생각하게 합니다.

우리 형제들이 여기에 내어 놓는 글들은 소박하고 솔직합니다. 우리가 순교자 자식들로 겪은 고생을 고백하고 살아온 인생과 많은 이들에게서 받은 사랑을 감사하고 치하하는 자리입니다. 그러나 다시 읽어 보면, 여기에 실린 글들은 우리 이야기만이 아닙니다. 우리의 고난의 역사는 우리 민족의 고난의 역사입니다. 우리의 아픔과 우리의 눈물은 우리 민족의 아픔과 눈물이었습니다.

아버지의 순교 60주년을 추모하면서 우리는 한반도의 평화를 기도합니다. 우리 민족이 하나 되고 평화롭게 통일을 이루는 날을 위하여 간절한 기도를 드립니다. 우리 전쟁을 치른 세대는 평화 통일의 날을 맞이할 자격이 없는지도 모릅니다. 우리는 대동강을 건너 한강에 와서 60년의 세월을 살았지만, 우리는 아직도 평화 통일의 가나안 복지에 들어가지 못하고 모세가 건너지 못한 요단강 강가에서 머뭇거리고 있는 셈입니다. 그래서 우리 책 제목을 『대동강 건너, 요단강 넘어』라고 붙였습니다.

이 책을 요단강을 넘어 가나안 복지, 대동강을 건너 통일 한국을 꿈꾸며 이를 위해서 노심초사 통일 운동과 평화 운동에 헌신하는 모든 이들에게 바칩니다.

2010년 10월 마지막 날
서용문 목사 아들딸과 사위를 대표하여
맏아들 서광선

차례

머리말
순교 60주년 회고록을 내면서 _서광선 7

순교자 서용문 목사
- "오직 예수"의 신앙과 열정의 삶 _서광선 13

순교자의 딸
- 삶과 죽음의 갈림길에서 _서인선 39

아버지 없이 신앙으로 살아온 아들의 편지 _서철선 101

순교자의 아내, 어머니를 기리며 _서만선 119

박해와 순교
- 교회사학자 사위의 특별기고 _홍경만 167

부록
민족의 통일과 평화에 대한 한국기독교회 선언(1988년)
_한국기독교교회협의회 235

순교자 서용문 목사[*]
– "오직 예수"의 신앙과 열정의 삶

서광선

[*] 2007년 김종희 목사와의 대담 녹취록에서

□ **장남 서광선(徐洸善)**

1931년 평북 강계 출생. 1956년 미국 유학. 뉴욕 유니언 신학대학원 신학석사, 밴더빌트 대학교대학원 철학박사. 1964년부터 1996년까지 이화여자대학교 기독교학과 교수, 문리대학장, 교목실장, 대학원장 역임. 1980~1984년 정치교수로 해직. 예수교 장로회 목사 안수, 압구정동 현대교회 시무, 세계 YMCA 연맹 총재 역임. 현재 이화여자대학교와 홍콩 중문대학교 명예교수.

□ **가족관계**

장남 서광선과 함선영(전 이화여자대학교 교수) 사이에 두 아들이 있다.
장남 서정실(클래식 기타리스트)과 정은경(피아니스트)의 슬하에 장남 경빈이 있고, 차남 서진실(재즈 드럼머)과 임정하(이화여자대학교 대학원 수학과)의 슬하에 장남 유하, 장녀 연하가 있다.

제 조부님은 마지막 무관

제 할아버지 이야기는 선친 살아 계실 때, 그러니까 제가 어린 시절 아버님께서 옛날 이야기식으로 말씀하신 것이 전부입니다. 전설傳說이고 거의 신화神話에 가까운 것입니다. 아버지 말씀을 들어 보면 할아버지는 구한말 과거의 무과武科에 합격하신 무장으로 단란한 제석에 봉삼한 전사였다고 합니다. 조선조의 군대가 일본에 의해서 해산된 이후 의병대장으로 출전하여 말을 타고 의병을 지휘하면서 단칼로 일본 군인들을 무찔렀다고 합니다. 항일 의병대장이었던 할아버지를 우리는 영웅처럼 여기며 자랐습니다.

선친 서용문 목사의 성장과정에 대하여

저희 아버지는 고아로 자라셨습니다. 할아버지가 일본 군경에 체포되어 함흥 감옥에 수감되어 사형을 당하게 되었다는 소식을 들은 할머니는 아이들 다섯에게 독약을 주어 죽게 하신 다음 말도 못하는 두 살배기 용문用文이를 도저히 독살할 수가 없어서 살려 두시고 스스로 자결하셨다고 합니다. 그래서 이웃 분들이 모여서 장례를 치러 주시고, 용문이는 평안북도 두메산골에 사는 친척을 찾아 맡기게 되었다고 합니다. 공부는 할 수도 없었고, 산에 가서 나무를 해 오는 일을 하기도 하고, 동네 사람들의 염소 치는 일, 허드렛일을 하면서 소일하는 것이 전부였습니다.

그 당시, 그러니까 1920년경이겠지요, 3·1운동도 듣도 보도 못 했을 때인데, 산속에서 염소를 치고 있다가 어떤 아주머니를 만나게 됩니다. 아주머니는 길을 잃었는지 염소 치기 소년에게 길을 물었다고 합니다. 길을 알려 드리면서 이런저런 이야기를 하다가 한글 읽는 이야기가 나왔다고 합니다. 글을 모른다는 소년의 말에 아주머니가 주머니에서 주섬주섬 한 권의 작은 책을 내놓으면서 한글을 떼면 이 책을 읽을 수 있게 된다고 해서 그 아주머니에게 한글을 배우게 됩니다. 아주머니가 한 주일에 한 번씩 염소 치기 소년을 산골로 찾아와 한글을 가르쳐 주었고 소년은 일 년도 못 되어 아주머니가 주는 작은 책을 읽기 시작했다는 것입니다. 그 작은 책은 그 당시에 성서 매서인賣書人인 전도부인들이 들고 다니면서 거저 주기도 하고 팔기도 한 쪽복음 (마태복음, 마가복음 등 복음서 하나씩을 따로 인쇄한 책)을 말합니다.

소년 용문이는 매서인 아주머니가 주는 쪽복음으로 성경을 읽게 되고 거기서 예수님을 만나게 됩니다. 그리고 주일마다 찾아오는 매서인 전도부인과 기도를 하게 되고 예배를 드리게 됩니다. 이 전도부인은 소년을 두메산골에 그냥 두지 않고 그 지방에서 가장 큰 고을인 강계江界에 있는 선교학교인 영실英實학교에 가서 공부하라고 일러줍니다.

천애고아 용문은 맨손으로 강계로 갑니다. 간신히 도시 밖에 자리 잡은 영실학교 교장 집 앞에서 교장 선생님인 감부열(Campbell, Archbald, 1890-1977) 선교사를 만나게 됩니다. 우리 아버지 말솜씨가 괜찮았던 것 같아요. 감부열 목사님은 우리 아버지 말에 감동되었던지, 즉석에서 입학을 허가했을 뿐 아니라 선교사 집에서 일하면서 공부하는 고학생으로 받아 주셨던 것입니다. 그래서 영실학교에서 초등과와 중등과를 수료하게 됩니다.

아버지는 살아생전 이 말씀을 하실 때, '우등생' 이었다는 자랑은 안 하시더군요. 선교사 집에서 일하면서 주경야독晝耕夜讀을 하셨을 테니 성적이 좋을 수가 없었겠지요. 아니면 우등생이었는데 겸손해서 말씀을 하지 않으셨을 수도 있겠지요. 하여튼, 감 목사님은 아버지가 목사 되는 것을 원하셔서, 평양에 유학을 보내 주셨고, 아버지는 평양신학교에 입학을 하시게 됩니다. 평양에서는 어떻게 학비를 조달했는지 이야기를 들어 본 적이 없습니다. 상상컨대 빈 주머니 무일푼으로 평양에 나가서 얼마나 고생하면서 그 어려운 신학공부를 하셨을까.

한 일 년인가 다니시다가, 한 해 정도 전도사 일을 보면서 저금한

돈으로 다시 평양으로 나가자는 생각으로 강계로 돌아와서 감부열 선교사님과 의논했다고 합니다.

압록강 강변 벽지 전도사로

감부열 목사님과 의논 끝에 압록강가에 있는 개척교회의 전도사로 나가게 됩니다. 그때는 이미 결혼을 하셨을 때이고, 저도 강계에서 태어나 얼마 안 되는 때였습니다. 제 기억으로는 제가 유치원 다니는 나이에 위원渭原이라는 시골이었습니다. 그리고 초산楚山이라는 동네에서 개척교회를 하셨습니다. 서용문 전도사의 정열적이고 헌신적인 목회로 개척교회는 성장하고, 부흥했습니다. 그러나 교회가 부흥하면서 교회당 건축을 추진하는 과정에서 교회 장로님들과 제직들과 갈등이 많았습니다. 개척교회를 시작하고 교회 건물을 지을 정도로 부흥하게 되면 장로님들과의 불화 때문에 거의 일 년에 한 번씩 교회를 옮기고 우리 식구는 이사를 해야 했습니다. 그 때문에 저는 초등학교를 여섯 군데나 다녔습니다.

식품 잡화상 이야기

아버지가 전도사를 하시던 시절에 기억나는 것은 어린 아이로서 경험하는 목회자 가족의 가난과 배고픔밖에 없는 것 같습니다. 시골 전도사 가족의 가난은 이루 말할 수 없었습니다. 1930년대 우리나라 사람들이 모두 다 가난했고 굶주리면서 살았지만, 저의 어린 생각에는 우리 예수 믿는 사람들, 장로님 댁만 빼놓고는 모두 가난하고 학교도 제대로 졸업하지 못한 사람들이라고 생각했습니다. 그런데 전도사는 그 가운데서도 가장 가난한 사람이라고 생각한 나머지, 앞으로 커서 절대로 목사나 전도사가 되지 않겠다, 의사가 되어서 장로로 교회 일을 맡아 보며 목사와 전도사들을 "내쫓는" 사람이 되겠다고 공언하며 다녔습니다.

가난보다 더 무서웠던 것은 신사참배 강요였습니다. 작은 동네의 경찰서 순경들이 아버지를 찾아와서 동네 뒷산에 모신 일본 귀신 집에 가서 절하고 어쩌고 하라는 것입니다. 아버지는 당연히 성경을 들고 나와, 절대 할 수 없다고 요지부동이었습니다. 일본 군경이 우리 집에 찾아와서 협박도 하고 권유도 하다가 하도 말을 안 들으니까, 경찰서에 연행해서 협박하는 것이었어요. 저는 아버지를 따라가서 경찰서 밖에서 엿들을 때도 있었는데, 경찰서장이 큰소리로, "일본 천황이 높은 거요, 당신 하나님이 높은 거요?" 하고 소리 지르면, 아버지의 목소리가 들려옵니다. "거야 불본 우리 하나님이 훨씬 더 높지요." 그러면 경찰서장이 아버지 따귀를 때리는 소리가 밖으로 새어 나옵니다. 나는 밖에 서서 울다가 아버지를 모시고 집으로 돌아온 적이 한두 번이 아니었습니다.

신사참배를 하느니 교회 일을 그만두겠다고 결심한 아버지는 전도사 일을 접으시고 만주 땅이 보이는 압록강변의 만포진滿浦鎭이라고 하는 소도시로 이사를 하게 됩니다. 아버지는 이 국경도시의 친구들의 도움으로 시내 중심부에 작은 잡화 식품가게를 열게 됩니다. 장사는 너무 잘되었습니다. 그때는 우리 식구도 3남 1녀의 큰 식구가 되었지요. 저는 난생 처음으로 하루 세끼 고깃국에 쌀밥을 먹을 수 있었습니다. 우리는 모두 행복했습니다. 아버지만 빼놓고요. 목회 지망생이, "하나님의 일꾼" 이 잡화상을 하면서 돈을 벌고 있다니… 고민을 많이 하신 것 같았습니다.

감부열 목사님과의 만남과 만주로 이민

결국 아버지는 영원한 지도자이며 선생님이신 감부열 목사님을 찾아갑니다. 감 목사님 역시 신사참배 거부와 일본의 태평양 전쟁 준비로 한국을 떠나야 하는 어수선한 상태였지만, 서용문 전도사의 고민을 듣고는 만주에 살면서 고생하는 한족들을 위한 선교를 하라고 말씀하셨답니다. 아버지는 일언지하에 "네, 가겠습니다." 대답하고는 한 달도 안 되어 이삿짐을 싸들고 압록강 철교를 건너고 국경을 넘어 미지의 세계 만주 벌판에 자리를 잡고 개척교회를 시작합니다.

그런데 저는 동생들과 함께 만주로 가지 못했습니다. 장남인 제가 영양실조로 몸이 허약하다는 이유로 외할머니가 가지 못하게 막은 겁니다. 외삼촌이 숭실전문학교 졸업생으로 시골 초등학교에서 교장을 맡고 있었습니다. 그곳에 가서 일 년 동안 살면서 영양 섭취하고 몸을 추스르고 나서 만주로 가든지 말든지 하라는 것이었지요. 그래서 동생들과 떨어져서 일 년을 외삼촌의 영향을 받아 가면서 외로운 삶을 경험하게 되었습니다. 우리 외삼촌은 압록강 근처의 소학교 선생이었지만 보기 드문 애국 지성인이어서 많은 이들의 존경과 주목을 받았습니다. 시인이기도 해서 당시 동아일보에 그의 시조와 시들이 실리곤 했습니다. 그중에 아직도 기억하는 시조 한 구절을 소개하면,

이기랴 못 이길 건 이내 몸이 기로구나
오늘도 일곱 번을 나하고 싸웠어도
이 내 몸 못내 이김을 서러(워)서러(워) 하노라

외삼촌은 이 시에 곡조를 부쳐서 노래까지 가르쳐 주신 분이었습니다. (삼촌도 6·25가 터지면서 공산군에 끌려가 총살당했다는 소식을 들었습니다.)

결국 부모님과 동생들 그리움에 잠 못 이루던 저는 만주 두메산골 아버지의 개척교회 사택으로 가게 됩니다. 기차로 몇 시간, 시골 버스로 몇 시간이 걸리는 허허벌판의 중국인 촌에서 한인 조능학교에 다니게 됩니다. 다시 배고픈 생활, 외국에서의 이방인 생활을 감내하게 된 겁니다. 아버지는 통화성通化省 쾌대모자快大帽子라고 하는 이름도 야릇한 고장의 한인교회를 개척하시면서 그 주변 100리 이내에 있는 작은 교회를 순회하는 전도사 겸 선교사 일을 보시게 된 겁니다. 다시 우리 식구는 배고프고 가난한 생활을 감내해야만 했습니다. 3년 전엔 가 중국 연길에 있는 연변 과학기술대학(총장 김진경 박사)을 방문한 일

이 있었습니다. 거기서 통화에서 온 조선족 학생을 만나게 되었는데 얼마나 반가웠는지 모릅니다.

아버지는 그곳에서도 일 년 동안의 부흥을 뒤로 하고 만주 서쪽에 있는 공업도시 본계호本溪湖에 있는 한인교회에 부임했습니다. 그리고 그 근처에 있는 봉천奉天, 지금의 심양瀋陽에 있는 한인신학교, 봉천신학교에 편입해서 신학공부를 마치셨습니다. 이 신학교는 일본의 신사참배 강요에 반대하고 피난 간 목회자들을 위해서 개설한 신학교로 박형룡 박사님이 교장으로 일하셨습니다.

저는 그곳에서 초등학교를 마치고 하나밖에 없는 일본인 중학교에 입학했습니다. 항일 운동가인 아버지가 왜 나를 일본중학교에 넣었는지 여쭈어 볼 기회가 있었습니다. "일본과 싸우려면 일본을 알아야 해. 일본 사람처럼 일본 말을 할 수 있도록 열심히 공부해라"는 부탁만 하시더군요.

제가 중학교 3학년 때 해방이 되었습니다. 방학이 되어서도 집에서 쉬지 못하고 우리 중학생 모두는 산에 올라가 소련군 탱크가 내려오다가 빠지게 한다는 구덩이를 파고 있는데 선생님이 일손을 멈추게 하고 라디오를 듣게 했습니다. 일본 천황의 죽어 가는 목소리가 들리더니 일본이 미국에 항복했다는 겁니다. 선생님과 학생들이 모두 눈물바다가 되었는데, 저만 혼자 기쁜 거예요. 슬프지도 않은데 우는 척만 할 수는 없고……. 그렇게 우리 집안의 만주 생활은 해방이 된 겁니다.

한 가지 비극은 저희 어머니가 막내인 만선(만주에서 태어났다고 해서 滿善이라고 이름 붙였지요)을 출산한 뒤 영양실조에다가 산후 조리 부족

등 과로로 폐렴에 걸려 세상을 뜨신 것입니다. 아버지는 저희 형제들의 권고에 못 이겨 곧 재혼하셨습니다.

아버지의 목사 안수

저희 가족은 만주에서 피난민 열차를 타고 다시 압록강을 건너 모국으로 돌아왔습니다. 압록강을 건너서 기차를 그대로 타고 있으면 서울로 내려오거나 부산까지도 내려갈 수가 있었는데 아버지는 고향으로 가야 한다고 마음을 굳혔습니다. 그래서 평양에서 기차를 갈아타고 온 식구가 고향 아닌 고향인 강계 근처 작은 동네에 있는 외할머니 댁으로 쳐들어간 것입니다. 그리고 그해 9월 학기부터 저는 강계중학교에 편입학을 하게 됩니다.

아버지는 이곳저곳에서 임시로 전도사 일을 보시다가 백두산 아래 첫 동네라고 하는 후창厚昌의 장로교회에 부임하고, 곧 목사 안수 절차를 밟아 산서노회에서 목사 안수를 받게 됩니다. 신학 공부를 시작한 지 10년이 넘어서야 목사가 되는, 그야말로 길고 긴 여정을 되새기면서 목회자의 고난의 길을 생각하게 했습니다. 저는 한편 기쁘면서도 왜 그리도 슬펐는지 알 수 없는 눈물만 흘렸던 기억이 납니다.

해방 후 인공치하에서의 목회 활동

1948년 남과 북이 분단되고 각각 분단 단독

정부를 수립하면서 북의 공산정권은 김일성 숭배 일변도로 단속을 강화하기 시작했습니다. 학교에서는 반공 학생 운동이 전개되었지만, 민주화는 희망사항일 뿐이었습니다. 공산정권은 기독교를 탄압하기 시작했습니다. 아버지는 서울로 피난 갈 준비 작업으로 우선 평양으로 가야 한다는 생각으로 평양에 있는 교회로 옮겨 왔습니다. 처음에는 보통강가에 있는 보령교회에서 나중에는 대동강 남쪽에 있는 장포동교회에서 목회를 하셨습니다. 아버지는 일제하에서 하던 항일 설교와 이스라엘 해방의 설교를 이제는 반공 해방의 설교로 더욱 열을 올리셨습니다. 그러자 공산당 지도부의 주목을 받기 시작했고 보안서 서장의 방문도 받기 시작했습니다. 공산 정부의 어용단체인 기독교연맹 가입을 거절하는 등 주목받는 일만 하신 셈이지요.

□ 평양 장포동교회

6·25가 터질 때까지 남으로 피난하라는 권유를 받기도 하고 기회도 있었지만, 아버지는 도저히 교인들을 평양에 두고 떠날 수 없다는 것이었습니다. 6·25가 터지면서 교회에서 아버지는 계속 한민족의 해방을 위해 기도하는 것이었습니다. 이건 남쪽이 승리해야 한다는 기도였으니 공산당이 가만히 두고 볼 수가 없었던 겁니다. 당시 평양신학교의 교장이던 이성휘 박사가 연행되었다는 소식과 함께 조심하라는 충고의 말을 아버지도 많이 들었지만, 결국 미군과 국군이 평양을 탈환하기 몇 주일 전에 아버지도 행방불명이 되었습니다. 저는 인민군에 징집되는 것을 피해서 교인 친구 집 지하실에 숨어 있어서 알지도 못하고 작별인사도 못하고 영원히 이별을 한 셈이 되었습니다.

아버지 시신 발견 당시의 정황

 저는 지하 동굴에 숨어 있다가 국군과 미군이 평양을 탈환했다는 소식을 라디오에서 듣고 거리로 나갔습니다. 모두들 태극기를 들고 이승만 대통령과 국군과 미군을 환영하는 대열에 나갔지요. 눈물 나도록 감격적인 순간이었습니다. 이젠 평양도 수복이 되고 통일될 날이 머지않았다고 확신했으니까요.
 그러면서도 저희 교회 교인들이 거의 총동원되어서 목사님의 행방을 찾아 나섰습니다. 저도 함께 다니면서 많은 시체들을 보았습니다. 탄광 안에 사람들을 가두어 놓고 다이나마이트를 터뜨려 죽인 시체들, 우물 안에 산 사람을 처넣어 익사한 시체들…… 눈물을 흘리면서 그 많은 시신들을 보고 다녔습니다. 한 주일 동안 그렇게 다니다가 하루는 소식이 왔습니다. 대동강 하류 강가에서 아버지 시체를 발견했다는 것입니다. 달려가 보니 시체 다섯이 밧줄에 묶여 대동강 하류 강기슭에 건져져 있었습니다. 저희 교회 장로님이 발견했는데 저더러 확인하라는 것이었습니다. 아버지 얼굴에는 총알 자국이 많이 있었습니다. 아버지와 함께 총살당한 시체들의 얼굴과 몸에도 총알 자국이 한두 개가 아니었습니다. 모두들 목사님들 아니면 교회 장로님들이라고 들었습니다. 인민군이 그분들을 대동강 강가에 세우고 따발총으로 총살한 것이 틀림없었습니다. 그리고 시체를 강물 속에 처넣었지만, 강물 속의 나뭇가지에 걸려 떠내려가지 않았던 것입니다. 평양의 시월은 이미 영하로 내려가는 날씨이기에 시체가 부패하지 않아서 곧 아버지라는 것을 확인할 수 있었습니다. 아버지가 총살당한 곳은 토마스 선교사가 1866년 미 상선 제너럴 셔먼 호를 타고 대동강을 거슬러 올라가다가 대원군이 보낸 한국 군대가 쏘아 대는 화살에 맞아 불이 나서 순교한 것을 기념한 토마스 기념관이 있는 데서 멀지 않은 곳이었습니다. 아버지는 순교자의 반열에 서신 것입니다. 당시 아버지의 나이는 45세, 한창 일할 나이였습니다. 저는 올해 만 80세, 아버지에 비하면 너무 편하게 오래 살았습니다.

시체를 거두어 장포동교회 뒷산, 대동강이 멀리 내려다보이는 곳에서 아버지의 제자이며 친구였던 문창권 목사님의 집례로 장례를 지내고 저희 가족은 피난길에 올랐습니다.

3년 전엔가 평양에 갈 일이 있어서 대동강 남쪽에 서 있는 김일성 주체탑에 올라가 멀리 아버지 묘소를 찾아보았지만 그 일대에 아파

트 건물이 들어서 있는 것만 바라다보고 돌아왔습니다. 56년 만에 평양을 찾아갔지만 성묘도 하지 못하고 돌아온 안타까움, 어찌 말로 다 하겠습니까.

아버지의 신앙과 열정

아버지는 철저한 근본주의 신앙인이셨습니다. 성경은 누가 뭐래도 하나님의 말씀이고 글자 그대로 믿고 행해야 한다는 믿음에 결코 흔들리지 않는 분이었습니다. 신앙생활에 있어서 금욕과 가난과 근검절약이 몸에 배어 있었습니다. 그래서 저희 집안에서는 화투놀이를 해 본 적이 없습니다. 화투놀이는 안 되지만 정 놀고 싶으면 서양식 트럼프는 해도 된다는 식이었습니다. 집안에서 찬송가 이외에 다른 노래는 불러서는 안 되었습니다. 서양 노래들, 고전 음악은 들어도 되지만 한국의 유행가는 물론 민요마저도 부르지 못하게 하셨습니다. 그 정도로 철저한 분이었습니다.

저는 아버지에게 종아리를 많이 맞고 자랐습니다. 목사 아들은 학교에서도 모범생이어야 하고 우등생이어야 한다는 것입니다. 학교 성적이 일등이거나 이등이 아니면 종아리를 맞아야 했습니다. 동생들이 잘못한 것이 있으면 제가 동생들을 잘 지도하지 못했다는 이유로 대표로 맞아야 했습니다. 자상하시고 사랑이 많으신 아버지의 분노와 체벌에 저는 항상 시달려야 했고, 학교와 교회와 집에서 항상 긴장하며 사는 얌전한 소년 시절을 보냈습니다.

□ 만주에서 살 때의 가족 모습(다섯 개의 회초리가 오른쪽 벽에 걸려 있다.)

아버지는 목회 현장에서도 강직한 전도사와 목사로 유명했습니다. 불의에 대해서 절대 타협이 없는 목회자였습니다. 일단 옳다고 생각하면 결코 물러나는 법이 없었습니다. 항일투사였고 반공투사였습니다. 그래서 어린 시절에도 아버지를 존경했습니다. 정열적인 설교, 사람들의 심금을 울리는 설교와 간절한 기도에 저는 감동받았고 아버지처럼 살아야겠다는 각오를 다짐하면서 자랐습니다.

아버지는 문학청년이었다고 생각합니다. 저는 어렸을 때부터 아버지가 즐겨 읽는 이광수의 소설들을 거의 다 읽었습니다. 그리고 김동인의 역사 소설들도 많이 읽었습니다. 아버지가 어머니랑, 혹은 다른 교인들과 이야기를 나누면서 한국소설에 대해 이야기하는 것을 엿들으면서 소설의 내용과 소설에서 말하고자 하는 나라 사랑 이야기, 사랑의 이야기를 이해하기도 하고 질문도 많이 하면서 자랐습니다. 아버지는 1938년 창씨개명을 강요받았을 때 내 이름을 지으면서 일본 신학자 가가와 도요히코의 『사선을 넘어서』라는 자전적 소설의 주인공 "에이 이찌榮一"라는 이름을 주셨을 정도였습니다. 이 소설은 일본의 빈민굴에 들어가 희생적으로 일하다가 폐병에 걸려 죽어간 젊은이의 이야기였습니다. 아버지의 시신을 평양 남쪽 뒷산에 묻으면서 설교하신 원고들도 함께 묻었습니다. 참 명설교였는데, 지금은 어렴풋하기만 하고 생각나지 않는 것이 못내 아쉽습니다.

6·25 피난 시절로 돌아가서

평양에서 빠져나왔을 때 저는 어머니와 동생들과 따로 떨어져서 서울로 나왔습니다. 북을 탈출한 많은 피난민들, 특히 기독교인들은 영락교회에 모였었지요. 거기에 혹시 우리 식구들이 와 있는 것이 아닌가 하여 찾아보았으나 헛수고였습니다. 그 대신 평양에서부터 가까이 지낸 안성진 목사님을 우연히 만나서 며칠인가 그 가족들과 함께 지내다가 다시 헤어져 부산으로 내려갔습니다. 부산으로 내려갈 때에는 당시 서울에 나와 있던 선교사들이 교인 피난민들을 위해 마련한 특별열차로 식사도 대접받으면서 평안하게 내려왔습니다. 부산에 내려와서 가족들을 찾아보았으나 헛수고였습니다. 부산에서는 목회자 가족들을 수용하는 곳이 있어서 그 많은 가족들 잠자는 틈에 끼어 밤을 지새우기도 했습니다. 그러다가 대한민국 해군에서 "소년 통신병"을 모집한다는 광고를 보고 지원해 5대 1의 경쟁을 뚫고 합격했습니다. 그리고 진해에 있는 신병훈련소와 통신학교에서 군 생활을 시작했습니다.

어머니와 동생들은 평양을 떠나 고생고생하면서 그야말로 사선을 넘어 삼팔선을 넘어 부산으로 내려와 순애원이라고 하는 순교자 가족 복지시설에 안착하게 되었고, 생이별한 지 2년인가 3년 만에야 재회할 수 있었습니다.

저는 해군에 있으면서 하사관 학교가 좋다고 하여 미국 해군 훈련소에 유학을 가게 되었습니다. 1953년, 한국전쟁이 휴전되는 해에 미국 동부지역에 있는 해군기지에 가서 훈련을 받았습니다. 거기서 만난 해군 친구가 "너는 해군에서 썩을 친구가 아니다. 미국에 와서 대학 공부를 하는 것이 어떻겠느냐?"면서 자기 고향에 있는 작은 대학을 알선해 주었습니다. 그래서 1956년 미국 서부 몬타나 주에 있는 아주 작은 기독교 대학인 로키 마운틴 대학Rocky Mountain College에 입학해서 미국 유학생활을 시작하게 되었습니다. 물론 내가 유학생활을 하는 동안 어머니는 교회 전도사 일로, 동생들은 고학을 하면서 고생을 많이 했습니다. 그러나 지금은 모두 대학을 나오고 교회 장로로, 권사로, 집사로, 순교자 아버지께 부끄럽지 않는 신앙생활과 사회생활을 하고 있습니다.

내가 목사가 된 계기

앞에서도 말했지만, 정말 저는 어려서부터 목회자의 생활이 너무 가난하고 배고파서 절대로 목사가 되지 않겠다고 맹세까지 한 사람입니다. 그런데도 미국에 가서 기독교 대학에서 철학을 전공하고 우등생으로 졸업했습니다. 대학원에 가서도 철학으로 석사학위를 받았습니다. 철학 공부를 하면서 철학이라는 학문에 대해서도 회의가 들기도 했지만 신학에 대한 흥미도 생겼습니다. 대학원에 수학하고 있는 동안 이화대학에서 유학 온 사람과 사랑에 빠지면서 인생에 대한 생각, 성공에 대한 생각, 학문에 대한 생각이 달라지기 시작했습니다. 한 여인에 대한 사랑에 눈을 뜨면서 인생에 대한 고민을 하고 삶이 달라진 것입니다. 그래서 철학으로 석사학위를 받자마자 신학대학원에 원서를 냈습니다. 뉴욕에 있는 유니언 신학대학원의 입학 허가를 받고 어머니에게 편지를 드렸지요. 어머니는 답장하시기를 왜 프린스턴이 아니고 유니언이냐? 친지 목사님에게 네가 유니언에서 신학 공부를 한다고 했더니, '마귀학교'에 가서 무슨 신학을 하느냐고 하시더라는 것이었습니다. 유니언 신학대학원은 미국에서도 유명한 '신 신학' 학교라는 것 때문이었습니다.

유니언에서 저는 많은 것을 배웠고, 어린 신앙에서 성숙한 신앙을 터득할 수 있었습니다. 특히 지적 대화와 지성으로 설명할 수 있는 신학에 대한 철학적 만족을 얻을 수 있었고, 신학대학원의 분위기와 학교 채플을 통한 영적 생활에서 참된 신앙과 영성을 체험할 수 있었습니다. 그리고 신학교육에서 결코 빠실 수 없는 사회 윤리적 행동을 배울 수 있었습니다. 당시는 마틴 루터 킹 목사를 중심으로 하는 흑인 민권운동이 한창일 때였습니다. 흑인과 유색인 인종차별에 저항하는 운동에 저희 신학생들이 앞장설 때였습니다. 저도 나름대로 참여하면서 그리스도인의 정치적 책임을 배울 수 있었습니다.

제가 신학대학원 2학년 되는 해에 이화여대 총장이신 김활란 박사님을 유니언에서 처음 뵐 수 있었습니다. 총장님은 1961년 5·16 군사

혁명으로 집권한 박정희 정권에 의하여 총장직을 내놓고 수학 겸 휴가차 유니언 신학대학원 총장의 초청으로 유니언에 와서 한 학기 계시게 되었던 것입니다. 당시 저의 약혼자가 김활란 총장 비서실에 근무했던 터에 유학을 마치고 귀국하여 이화여대로 가게 되었습니다. 그래서 특별히 김활란 총장님을 가까이 모시게 되었지요. 총장님은 저를 이화여대로 초청하여 주셔서, 학생 신분으로 이화여대 교목실의 인턴으로 근무하게 하고 그것이 인연이 되어서 박사학위를 마치면서 이화여대 교수로 봉직하게 되는 행운을 누릴 수 있었습니다.

박사학위를 마치고 귀국한 해는 1969년 박정희 대통령이 삼선개헌을 강행하고 있던 때이고 김재준 목사님이 주동이 되어 이를 저지하는 국민운동이 전개되던 한국 정치가 위태로운 때였습니다. 그 이후 70년대 초의 유신헌법 제정과 긴급조치 등 정치의 소용돌이 속에서 에큐메니칼 진영의 인권과 민주화 운동이 치열하게 전개되었습니다. 저는 대학에 몸담으면서 민주화 학생운동에서 배운 바가 많았습니다. 기독자교수협의회 등에서 활동하면서 기독교인 대학교수들과의 만남과 민주화 운동에 가담하면서 그리스도인들의 사회 참여를 주장하고 강조하면서, 신학과 철학을 강의했습니다. 그리고 민주화와 인권을 주장하는 성명서를 여럿 기초하기도 하였습니다.

1979년 박정희 대통령이 자신의 측근인 중앙정보부장 김재규에 의해 시해되어, '서울의 봄'이 온 줄로 알았지만, 신군부에 의해 '서울의 봄'은 다시 추운 겨울이 되고 말았습니다. 저도 이화여대 문리대학장으로 재직하고 있는 동안, '김대중 내란음모사건 참고인'이라는 영장을 가지고 온 '합동수사본부' 형사들에게 서대문 경찰서 근처로 끌려가 주야로 조사를 받고 결국 사직서를 쓰도록 강요받고 해직이 되었습니다.

합동수사본부에서 '자술서'를 쓰고 밤을 지새우며, 신학대학원을 나오고 신학으로 박사학위까지 받으면서 목사 안수를 받지 않은 것에 대해서 많은 생각과 고민을 했습니다. 그리고 복직이 되면 목사 안수를 받으리라 순교자 아버지에게 맹세하고 나왔습니다. 그래서 곧장, 광나루 신학대학에 이종성 총장을 찾아가 제 뜻을 밝히고 일 년 동안 충실하게 학생 노릇을 했습니다. 다행히도 목사고시를 첫 번에 합격하고 압구정동에 있는 현대교회의 부름을 받아 동남노회에서 목사 안수를 받았습니다. 그것이 1982년 가을 노회였습니다. 1984년 전두환 정권은 무슨 생각인지 수십 명에 달하는 해직교수들을 모두 복직시켜 저는 다시 대학으로 돌아올 수 있었습니다.

순교에 대한 현대적(신학적) 의미

구약성서와 신약성서에는 순교자에 대한 이야기가 많이 나옵니다. 성서의 많은 이들이 순교했고 초대교회의 숱한 성도들이 로마 황제들의 탄압으로 순교했습니다. 우리나라만 해도 개신교가 들어오기 전부터 수많은 천주교 신자들이 순교의 길을 갔습니다. 우리나라만큼 순교자로 '성자' 성호를 받은 이가 많은 나라가 없을 정도입니다. 신사참배를 거부하다 감옥에서 순교하신 주기철 목사님을 비롯하여 장로교회에도 적잖은 순교자들이 있습니다. 모두 다 예수님의 십자가를 지고 순교의 길을 택하신 분들입니다.

그리스도의 뒤를 따라간다는 사람들 모두 예수님의 십자가를 지고 가는 사람들입니다. 예수님처럼, 그 많은 순교자들처럼 우리 모두 목숨을 걸고 옳은 것은 옳다, 신앙 양심을 걸고 발언하고 생활해야 합니다. 그러나 모두 순교자가 될 수는 없습니다. 우리는 순교자가 될 수도 있지만 약한 인간들이기 때문에 현실과 타협하고 어정쩡한 신앙인으로 고민하면서 살아남을 수도 있습니다.

일본의 가톨릭 작가인 엔도 슈사쿠가 쓴 『침묵』이라는 소설이 있습니다. 배경은 옛날 일본의 천주교인들이 정부의 박해를 받는 때 이야기입니다. 예수 믿는 사람들을 바닷가 모래밭에 모아 놓고, 모래 위에 십자가를 그려 놓고 십자가를 밟고 지나가는 사람들은 자신의 신앙을 부인하는 걸로 알고 살려 주었습니다. 그러지 않고 십자가를 피해서 지나가는 신자들은 현장에서 즉각 참수했다는 것입니다. 한 여인이 모래 위의 십자가를 감히 밟지 못하고 주저앉아 울고 있는데 모래 위에 예수님의 얼굴이 나타났습니다. 그리고 하시는 말씀, "괜찮다. 밟고 지나가라. 그리고 살아남아라" 하시는 것이었습니다. 그 여인은 살아남았습니다. 그리고 하나님에게 큰 영광을 돌려보낸 훌륭한 신자가 되었다는 이야기입니다. 이 세상에 살아남아서 하나님의 일을 하는 것이 또 다른 의미에서 훌륭한 순교자가 되는 것이 아닌가 하는 생각을 하게 됩니다.

우리 나라의 재미 작가 김은국 선생은 1960년대 초에 『순교자』라는 작품을 세상에 내놓아 찬사를 받은 적이 있습니다. 그가 작품에서 던진 물음은 과연 누가 참된 순교자인가 하는 것이었습니다. "감옥에서 애걸복걸 목숨을 살려 달라고 하면서 간수의 모욕을 받으면서 소리 지르며, 하나님을 저주하기까지 하면서 죽어 가는 성직자를 과연 순교자라고 할 수 있는가? 감옥에서는 살아남아 세상으로 돌아와 사람들에게 배신자로 불리면서도 하나님의 일을 묵묵히 계속하는 성직자를 순교자라고 할 수 있겠는가?' 이런 질문을 던지고 있었습니다.

이 세상에서 정의와 사랑과 평화를 위해서 일하는 이들, 포악하고 악독한 권력에 저항하면서 옳은 말, 바른 말로 우리의 양심을 일깨워주는 이들, 성직자가 아니어도, 그리스도인이 아니어도, 어떤 종교를 가졌어도, 순교자들이라고 생각합니다. 순교자의 정신으로 예수 믿는 이들, 평신도 성직자 할 것 없이 모두 그리스도의 십자가를 지고 예수님을 따르는 순교자들이라 생각합니다.

분단과 전쟁 그리고 아버지의 순교

1950년 10월 평양 대동강가에서 아버지 얼굴에 수없이 빅힌 총일 자국을 어루만지면서 많은 눈물을 흘렸습니다. "아버지, 다시는 전쟁이 없는 세상을 만들겠습니다. 하나님, 도와주십시오" 하고 소리 질렀습니다. 아버지의 순교는 한반도 분단 때문이며 6·25 한국전쟁의 민족적 비극의 하나입니다. 우리나라가 일본의 패전으로 해방이 되었지만 남과 북으로 분단된 것은 소련과 미국 군대가 일본군 무장해제를 위해서 진주하게 되면서였습니다. 그리고 북에는 소련의 공산주의 추종자들의 공산정권이 들어서고, 남에는

◻ 대동강변의 순교자

미국의 민주주의 체제가 들어서면서 임시적인 분단이 이념적 분단, 정치적 분단으로 고착화되었지요. 북에 살아남은 그리스도인들은 신앙적으로나 이념적으로 공산주의 사회에 동조할 수 없었습니다. 북의 정부는 무신론적 공산주의 이념에 따라 그리스도인들을 적대시하고 노골적으로 탄압하는 정책을 폈습니다. 그런가 하면, 아버지 같은 반공주의자는 북한 정부의 기독교 탄압에 맞서 자유와 인권을 부르짖고 강단에서는 하나님의 나라 정치와 애굽의 노예 생활로 부터의 해방을 설교했습니다. 그러니 아버지와 같은 목사는 북한 정권에 적으로 간주될 수밖에 없었습니다.

저희 아버지만의 순교가 아니었습니다. 북한에서 목회를 한, 수많은 목사님들이 6·25전쟁 이전과 전쟁 중에 신앙과 이념의 이름으로 희생당하셨습니다. 저희 아버지의 순교는 한국 분단과 냉전시대 동과 서의 이념전쟁에서 생겨난 민족적 비극의 일면입니다. 민족 분단의 십자가를 지신 것이지요. 순교자 아버지를 부둥켜안고 우리가 흘린 눈물은 민족의 눈물이었고 아버지를 잃고 피난민으로 당해야 했던 배고픔과 아픔과 외로움은 우리 모두의 고통이었습니다.

아버지의 순교는 6·25 한국전쟁의 비극입니다. 아버지의 순교 앞에서 "원수를 갚아야 하겠다"는 분노와 함께, "전쟁은 안 된다"는 전쟁에 대한 분노로 온몸을 떨었습니다. 아버지의 순교는 전쟁을 반대하고 평화를 갈망하는 위기의식과 회심의 계기가 되었습니다. 아버지의 죽음을 원수에 대한 복수로 되풀이할 수 없고, 용서와 화해의 생명의 길, 평화의 길로 다시 살아나야 한다는 결단을 하게 하는 것이었습니다. 순교의 십자가의 죽음이 부활로 다시 살아나는 신앙의 사건이 된 것입니다. 6·25 한국전쟁에서 죽어 간 남과 북의 수많은 젊은이들과 피난민들이 희생한 뜻을 무의미하게 하지 않으려면 평화와 통일을 이룩하는 데서 그 뜻이 살아난다고 생각합니다.

아버지의 순교의 뜻은, 그러므로, 우리나라의 화해와 평화 만들기와 통일로 연결되어야 살아납니다. 증오에서 연민으로, 복수에서 용서로, 적대감에서 회개하는 마음으로, 싸움에서 화해로, 전쟁에서 평화로, 분단에서 통일로, 죽음에서 생명으로 전환해야 한다는 혁명적 의미가 있습니다. 기독교 신앙으로 말한다면, 순교의 십자가, 민족의 분단의 십자가를 뛰어넘어 그리스도 예수의 부활, 민족의 부활로 다시 살아나야 한다는 것입니다. 그래서 저희 아버지의 죽음 앞에 눈물을 거두고 순교자 아버지를 주신 하나님께 감사와 찬양을 드립니다.

순교자의 딸
– 삶과 죽음의 갈림길에서

서 인 선

☐ **장녀 서인선(徐仁善)**

1936년 평북 초산 출생. 서울대학교 음대 성악과, 이화여자대학교 교육대학원 졸업(교육학 석사). 관악고, 경기여고 교사. 서울 여학생교육원 연구사, 서울 교원연수원 연구사. 서연 중, 연서 중 교감. 예수교 장로회 봉원교회 권사.

☐ **가족관계**

서인선과 홍경만 사이에 2남 1녀가 있다.
장남 홍지훈(연세대 졸. 장로회 신학대학원 졸 신학석사. 목사. 독일 본 대학교 졸(신학박사). 호남신학대학 교수(기획실장))과 이혜숙의 슬하에 장남 준걸이 있고, 장녀 홍지순(프랑크푸르트 대학 졸. 재독)과 사위 Marcos Thome de Moura(프랑크푸르트 대학 졸. 일본 세계구세교 독일 선교사)의 슬하에 장녀 지예(Sije), 차녀 미예(Miye), 장남 바우미(Walmir)가 있으며, 차남 홍지영(연세대 졸 공학박사. LG 전자연구소 연구원)과 김수진의 슬하에 장녀 유나, 장남 윤걸이 있다.

어머니의 죽음

나는 1936년 12월 20일 평안북도 초산에서 태어났다.

내가 어렸을 때 일이 어렴풋이 기억 난다. 아버지는 평양신학교를 다니다가 그만두시고 어머니(김경숙)와 평안북도 만포에서 잡화상을 하셨다.

장사가 잘되었지만 아버지는 가던 길을 멈출 수 없었는지 교회 전도사로 시무하시게 되었다. 아버지는 일제하 신사참배 강요로 인해 만주로 갔고 봉천신학교에서 졸업하시게 되었다. 그 후 만주 본계호교회 목사로 취임하시게 되셔서 우리 가족 모두 만주로 이사 가게 되었다.

몇 달 후 어느날 밤 갑자기 "불이야!" 하는 소리에 어머니는 온 식구를 모두 깨워 밖으로 쫓았다. 막내 만선이가 홍역으로 앓고 있을 때

만선이를 업고 기도를 하고 계셨다고 했다. 옆집에서 난 불이라 우리 집까지 옮겨 붙어 집을 잃고 말았다. 그 후 아버지가 목회하시는 교인 댁에서 임시로 기거했던 기억이 난다.

어머니는 그날 이후 너무 놀랐는지 시름시름 앓기 시작했고 결국 한국에서 죽고 싶다며 외할머니 댁으로 가셨다. 우리는 돌아가셨다는 전보를 받고 모두 울음바다가 되었다. 오빠 광선 11살, 작은 오빠 웅선 9살, 내가 7살 인선이고, 동생 5살 철선, 3살 난 만선. 어린 오남매를 남기고 폐결핵으로 돌아가셨다. 밤이 되면 기침을 많이 하시던 어머니, 고생만 하시고……. 아버지와 큰오빠는 평안북도 별하 어머니 계신 곳으로 가셔서 장례를 치르고 다시 만주로 오셨다.

그해 성탄 예배 때 교회 선생님은 우리 오남매에게 "기차야"란 노래를 가르쳐 주셨다. '기차야! 기차야! 너는 어디로 가니……' 참 슬픈 노래였다. 강단에 올라가 나란히 섰다. 아버지와 어머니는 나에게 항상 "이쁜아"라고 부르시며 하나밖에 없는 양념 딸이라며 귀여워해 주셨다. 나는 노래하다가 어머니가 생각나 눈물이 왈칵 쏟아졌다. 팔로 눈물을 벅벅 닦으며 끝까지 불렀다. 오빠들도 동생들도 울먹이며 불렀다. 교인들도 울었다. 어머니를 잃은 나는 우리집에서 조금 떨어진 연못가에 가서 혼자 하늘을 보며 하염없이 울곤 했다. 지금 나는 그때의 심정을 그려본다.

엄마 사랑 어디로 갔나!
엄마 품은 따뜻한데
사랑 길을 잃어버렸다.

사랑 길은 꽃도 있고 새도 있는데
어디에 가도 없구나 !

땅을 사랑하기에 비를 주고
해도 산을 사랑하기에
따뜻한 햇살을 듬뿍 쏟아내는데

누가 나를 사랑하는가!
멀리 기러기가 온다.
기러기는 바다를 향해 사랑 찾아가는데
내 사랑은 어디에 있나!

내 사랑 찾았다.
연못에 빠졌구나!
물고기 옆에서
사랑 받으며 영원히 살자!

ㅁ 어머니를 그리며…

내 기억으로 일 년쯤 후에 새어머니(한진모 전도사)가 오셨다. 우리 어머니는 참 예뻤던 것 같은데……. 그리고 노래도 잘해서 성가대도 하시고 나에게 노래도 가르쳐 주셨다. 작곡가이신 외삼촌(김경보)이 지은 노래라고 하시며 어머니가 가르쳐 주신 곡이 지금도 생각난다.

둘째 오빠 웅선이는 새어머니에게 어머니라고 부르지도 않고 말썽을 부리기 시작했다. 열살 때쯤인가 어느 날 친구들과 함께 동리에 있는 남의 밭에 들어가 옥수수를 따다가 잡혔다. 우리는 오남매 중 한 사람이 잘못하면 모두 다 종아리를 맞기로 아버지와 약속했었다. 그리고 방에 회초리가 다섯 개 크기 순서로 나란히 걸려 있었다. 아버지

□ 외삼촌이 지으신 노래

□ 후창교회

는 "큰놈부터 맞아라" 하시며 모두 때리셨다. 물론 잘못한 작은오빠(웅선)는 많이 맞았다. 다시는 잘못을 저지르지 않았다. 작은오빠는 항상 교회 오르간으로 찬송가를 쳤다. 어머니가 오르간을 잘 치셔서 어려서부터 열심히 배웠다. 항상 음악가가 되고 싶다며 노래도 즐겨 불렀고 목소리는 오남매 중 제일 좋았다.

나는 일곱 살에 가정예배 때 성경을 읽었다. 큰오빠는 항상 1등을 하니 아버지의 사랑을 독차지했다. 1945년 해방이 되자 압록강을 건너 평안북도 외할머니가 사시는 별하에서 살게 되었다. 외할아버지와 외할머니는 우리 삼남매만 데리고 어머니 묘지로 갔다. 할머니는 땅을 치며 "이 어린것들 불쌍해서 어떻게 사냐!" 하시며 통곡하셨고 우리 모두 정신없이 울었다.

외삼촌(김경보)은 국가에서 공산당 작가가 쓴 가사로 작곡하기를 거부해서 좌천을 당했다. 그리고 이곳에서 농사를 짓다가 부부가 모두 초등학교(인민학교) 교사로 취직되었고 얼마 후 외삼촌은 교장이 되었다. 아들 김광수는 나와 나이가 비슷했다. 그러나 딸 이름은 생각이 나지 않는다 .

그리고 조금 떨어진 전천에 계시는 이모 집에도 가 보았다. 농장을 운영하는 이모네는 아이를 낳지 못해 막둥이 만선이를 양자로 달라고 했다. 아버지는 펄쩍 뛰며 거절했다. 아버지는 어느 아이도 줄 수 없다고 하셨다. 그 후 이모네는 토지개혁 때 재산을 모두 몰수당했고 그 후론 만나지 못했다.

철선이는 초등학교 1학년 때부터 동리 아이들을 모아 놓고 동그란 재봉틀 의자를 강대상 대신 사용하며 찬송, 성경, 설교, 기도하며 예배를 드려 아버지는 너무 대견해 하시며 너는 이다음에 목사가 되라고 하셨다.

얼마 후 아버지는 평안북도 산골 오가산 옆 백두산이 보이는 후창이라는 곳의 후창교회에서 목사로 시무하시게 되었다.

나의 선생님

후창에 있을 때, 나의 초등학교(인민학교) 5학년 때 담임이 후창여중 국어선생님으로 발령이 났다. 그때 나는 후창여중에 입학했다. 초등학교 담임이 중학교 담임 선생님이 되셨다.

나는 너무 기뻤다. 선생님 성함은 한정렬 여자 선생님이셨다. 항상 검은 치마에 하얀 저고리를 입으신 모습이 참 예쁘셨다. 학교에서 외국어는 소련어(러시아어)를 배우고 인민 시간에는 정치 이야기를 많이 듣게 되었다. 20개 정강 조항에 '종교는 자유다'라고 해놓고 왜 일요일까지 학교에 등교시켜 운동장 풀을 뽑게 하시고, 산에 가서 버섯을 따오게 했는지……. 출석하지 못한 학생은 월요일 교무실에서 벌을 섰다.

"아버지, 미국이 한국을 도와주는 것은 한국을 빼앗으려 하기 때문이고, 남한이 미국에게 진 빚이 너무 많아 남한을 살려야 한대요. 미국이 남한을 도와주는 것은 돼지를 잘 키워서 잡아먹으려고 하는 것과 같으니 우리는 전쟁을 해서 빨리 남한을 구해 주어야 한다고 하던데요?"라고 물었다. 아버지는 "학교에서 하는 말은 모두 거짓말이다. 큰일 났구나!" 하시며 "학교에 보내지 않고 싶은데 법에 걸리고, 보내지 않을 자유도 없는 나라다."라고 하셨다. 선생님은 또 "남한에는 거지가 많고, 도둑도 많고, 가난한 사람을 돌보지 않고, 모두 미국의 거지나 마찬가지다"라고도 하셨다. 북한에는 정말 거지도 없고 거리가 항상 깨끗했다. 나는 아버지 말씀이 옳은지 선생님의 말씀이 옳은지 혼동이 되었다.

중학교 2학년 때의 일이다. 1학년 입학하자부터 그림을 잘 그리는 학생은 방과 후에 남아서 미술선생님의 특별지도를 받았다. 나는 포스터를 잘 그렸기에 남한의 김구, 이승만을 북한 노동자 농민이 망치와 낫으로 머리나 목을 치면, 부산 앞바다에 빠져 넘어지는 그림을 그리라고 했다.

나는 아버지에게 이승만 대통령과 김구 선생님은 훌륭하신 분이라고 들었기 때문에 그릴 수가 없었다. 하지만 내가 만일 그리지 않으면 아버지를 호출 할 것 같아서 고민하다가 할 수 없이 구도를 잡고 대강 스케치하고 있었다. 선생님은 집에 가서 그림을 완성해 내일 갖고 오라는 것이다. 나는 밤새 색칠하고 잠이 들었다.

　아침에 일어나니 그림이 없어졌다. 아버지는 찢어 버렸다고 하시며 그냥 학교에 가라고 하셨다. 종일 벌을 서고 집에 돌아왔다. 어머니 말씀이 아버지를 내무서에서 호출했다고 하신다. 아니 자녀 그림 하나 가지고 잡아가다니! 이럴 수가 있나……. 완성하지 못해서 내일 가지고 온다고 선생님께 틀림없이 말씀드렸는데……. 북조선이 너무 싫었다. 나는 학교 교육이 문제가 있다고 생각하기 시작했다.

　아버지가 시무하던 교회에 항상 형사가 왔고 설교 중 북한 정치를 비난했다고 아버지를 끌고가는 일이 한 두 번이 아니었다. 그런데 자식의 사소한 일가지고……. 선생님께 직접 그런 그림은 안 그리겠다고 거부했으면 차라리 내가 벌을 받든지 고문을 당하든지 할 것 아닌가 하고 후회했다.

　아버지는 그날 돌아오지 않으셨다. 다음날 새벽에 들어오신 아버지는 그냥 자리에 누워버렸다. 아무 말씀도 없으셨다.

　1학년 1학기 말 시험이 닥쳐왔다.

　그 당시 월반제도가 있었다. 후창여중은 각 학년이 1반씩밖에 없는 아주 작은 중학교였다. 한 반이 거의 60명 정도였던 것으로 기억한다. 성적 발표날이다. 이번 월반 학생은 1등 최신애, 2등 서인선. 이 학생들은 우리 학교 간부 학생이며 선두에서 지휘할 것이다. 붉은 완장을 팔에 둘러라. 1학년 2학기 수업은 2학년에서 수업한다.

나는 기분이 좋았지만 담임 한정열 선생님과 헤어지는 것이 싫었다. 방과 후 한정열 선생님은 나를 불러 오늘 저녁 8시에 선생님 집으로 오라시며 약도를 주셨다. 나는 무슨 일인가 하며 달려갔다. 우리 반 아이들 다섯 명이 모였다. 선생님은 엄숙한 얼굴을 하시며 "잘 들어라. 너희 부모는 빨리 월남하지 않으면 모두 죽는다" 하시며 선생님은 자기 소개를 했다. "나의 아버지는 공산당원이고, 해방 후 딸인 나만 데리고 월북하셨다. 어머니와 동생들은 모두 남한에 있다. 나는 남한에서 이화여전을 졸업하고, 아버지가 강제로 나를 끌고 북한에 왔다. 비밀 지켜라!' 하시며, "너희가 여기서는 소련어(러시아어)를 배우지만 앞으로 남한에 가서 학교에 입학하면 영어를 해야 한다. 표준말도 알아야 하고 하니 선생님이 영어와 국어를 가르치겠다." 선생님은 학교에서는 북한을 찬양하지만 우리끼리 모이면 북한을 비판하셨다. 선생님은 남한 이야기를 많이 해 주시며, 학교에서 매일 거짓말을 하는 것이 교사로 너무 괴롭다고 하셨다.

선생님은 가끔 한문도 가르치셨다. 지금도 선생님의 가르침을 잊을 수가 없다. 북한에신 한문을 가르치시 않았다. 해방되자 일본어 금지령으로 인해 일본책은 모두 땅에 묻었다. 나는 지금까지도 선생님이 가르치신 이 말씀을 잊을 수가 없다.

曾子曰, 吾日三省吾身하노니,(증자왈, 오일삼성오신하노니)
증자 말하기를, 나는 하루에 세 번씩 반성한다.
爲人謨而不忠乎아?(위인모이불충호아?)

남을 위하여 일을 도모함에 성실하지 못한 점은 없었는가?

與朋友交而不信乎아? (여붕우교이불신호아?)

벗과 더불어 사귐에 있어 믿음이 없진 않았는가?

傳不習乎아?(전불습호아?)

배운 바를 충분히 익히지 못한 점은 없는가?

우리는 선생님 댁에서 한 6개월 정도 공부했다. 선생님은 "신애야! 인선아! 잘 들어라. 1등, 2등을 했다고 좋아하지 마라! 공산당을 만드는 방법이야. 그동안 모두 반동 자식이라고 구박을 했고 부모는 반동으로 낙인 찍혔지만 우수한 학생은 공산당을 만들어야 하는 교사의 책임이 있다. 조심해라!'

용악리

평안남도 용악리로 이사 온 후 중학교가 없어 30리 떨어져 있는 삼흥여중 3학년에 편입했다. 한 달쯤 후 너무 놀라운 편지가 왔다. 공산당이라는 선생님의 아버지가 어느 날 갑자기 집에 오셔서 한정렬 선생님을 감옥에 넣었고, 한 달 정도 후 선생님은 감옥에서 돌아가셨다는 것이다. 나는 그 소식을 듣고 밤새 울었다. 아버지께서 항상 "너의 담임 선생님이 위험하다. 공산당은 애비도 없고 자식도 없다"고 하셨다. 나는 설마 그 정도일까, 자기 외동딸인데 죽이기까지 할까, 나는 아무리 생각해도 이해가 되지 않았다. 선생님은

□ 〈용악리교회〉 아버지는 평양에서 한 오십 리쯤 떨어진 용악리교회에서 목회하셨다. 아버지는 교회 마당에서 뒷짐을 지고 왔다 갔다 하셨다. 설교구상을 하셨나 보다.

진실을 가르칠 수 없으니 얼마나 힘들었을까. 우리를 가르치고부터 학교에서 선생님이 국어교과서의 내용도 모두 북한 찬양과 남한의 비판으로 가득한 것을 그대로 믿도록 가르쳐야 하는 고통을 참으며 얼굴이 붉어지는 모습을 자주 볼 수 있었고, 우리를 정면으로 보지 않고 말씀하시는 것을 느끼고 있었다. 선생님은 죽었다. 그러나 선생님은 죽지 않았다. 그 영혼이 내 마음에 살아 있다. 선생님은 성경 말씀도 잘 해 주셨다. '일하지 않는 사람은 먹지도 말라.' 이것은 성경 말씀인데 북한 공산당들이 항상 이 말을 쓰며 직업 없는 북한 사람들을 괴롭힌다. 월급도 안 주며 길을 닦으라, 둑을 쌓아 올려라, 주먹밥 하나씩 주며 일을 시킨다. 이것은 국가의 명령이다, 의무다 하며 강행하고 뙤약볕에 많은 사람이 죽어 나간다고 하시며 선생님은 북한 인민이 너무 불쌍하다며 밥이라도 제대로 먹을 수 있도록 정치를 해야지 하시며 비판했다. 선생님은 자기 아버지 때문에 잘사는 것이 부끄럽다고 하셨다. 나는 선생님이 하나님 앞에 위선적인 교사로 아이들 앞에 더 이상 설 수 없다고 결심하시고 죽음을 택한 것이라고 생각한다. 담임선생님의 비보에 슬퍼하는 나를 보며 아버지는 "정말 훌륭한 선생님께 공부한 너는 내가 없어도 열심히 공부할 것 같아 마음이 놓인다"며 힘이 빠진 나를 위로하셨다. 북한에서 살아보지 않은 사람은 아무것도 모른다. 사람의 목숨을 파리 목숨 정도로 생각하는 살인마들이다. 나는 친구들에게도 식구들에게도 "좋아하지 마라! 두고 봐라! 이산가족, 금강산, 무사할까? 몇 번이나 할까? 개성공단? 두고 봐라! 다 빼앗긴다!' 하고 말한다. 천안함 사건 때 텔레비전을 보며 울었다. 고1 때 인민군에 나가 죽은 작은오빠를 생각했다.

아버지는 평양에서 한 50리쯤 떨어진 용악리교회에서 목회하셨다. 거기는 중학교가 없었다. 30리 더 들어가서 나는 기숙사에 들어갔다. 방학 때의 일이다. 밤이 되어 앞이 잘 보이지 않을 때 인민군 몇 명이 100여 명 정도 되는 장애자들을 묶어 끌고 가고 있다는 것이다. 우리 동리 옆 버스길을 지나서 지금 산으로 올라가고 있다며 작은오빠는 친구들과 숨어서 몰래 따라갔다고 했다. 밤늦게 작은오빠와 친구들이 돌아와서 전하는 말이 끝까지 숨어서 산꼭대기에 올라갔는데, 인민군들이 이미 파놓은 구덩이에 거지들을 들어가게 하고 석유를 뿌려 불을 지른 후, 삽으로 흙을 덮었다는 것이다. 그렇게 해 놓고 북한은 거지가 없다고 자랑했다. 아버지는 일을 할 수 있는 장애자는 탄광에 가서 일하게 하고 일을 할 수 없는 장애자(북한에서는 병신)는 총을 쏴서 죽인다는 소문은 들었으나 산 사람을 땅에 묻는 일은 처음 듣는다고 했다. 세상에 이런 끔찍한 일도 있는가. 정말 무서웠다. 아버지는 위험하니 소문내지 말라고 주의를 주었다.

평양

우리는 일 년 만에 평양으로 또 이사를 갔다. 반동 가정은 평양으로 학교를 옮길 수 없다고 했다. 평양 4여중은 교회에서 멀지 않았다. 교회 친구들도 있어서 가고 싶었다. 하지만 반동 자녀는 중학교부터 평양 시내 편입이 어려워 아버지는 거절당했다고 했다. 할 수 없이 나는 그대로 용악리 기숙사에 머물기로 했다.

아버지는 평양 보통강다리 옆 보령교회에서 시무하시게 되었다. 설교 내용에 북한을 비판하는 말씀이 문제였던 것 같다. 일 년도 못 있고 또 그만두셨다. 정해진 교회도 없으셔서 성가대원 중 전찬화 선생님 댁에서 기거하게 되었나. 성말 감사했다. 그러나 한 달쯤 쉬었다가 평양 대동강다리 건너서 선교리에 있는 장포동교회 목사가 되었다.

1950년 6·25동란이 일어났다.

큰오빠와 작은오빠는 마루방을 뜯고 굴처럼 구덩이를 팠다. 그리고 그 속에 숨어 있었다. 고등학교 1학년부터 인민군으로 끌려가니 두 오빠 모두 해당이 된다. 내무서원이 들이닥쳤다. 집을 뒤져 결국

□ 보령교회

오빠들을 끌고 갔다. 머리칼은 여자처럼 길어졌고, 얼굴은 하얗게 되어 귀신처럼 되었다. 우리는 엉엉 울었다. 전쟁은 점점 커졌다. 어느 날 갑자기 B-29가 평양 하늘에 수없이 원을 그리며 돌았다. 사람들 말로 200대나 된다고 했다. 우리는 무서워서 방공호 속에서 몰래 비행기를 보았는데, 나중에 알고 보니 동리 아이들은 밖에까지 나와 하늘을 쳐다보며 손을 흔들고 소리를 지르다가 숨어 있던 내무서원의 총에 맞아 죽은 아이들이 많다고 했다. 통곡 소리가 들렸다. 갑자기 폭탄이 내려 쏟아지는데 집이 허물어지고, 불이 났다. 우리는 집을 뛰쳐나와 산으로 몸을 피했다. 도망가다가 파편에 맞아 죽은 사람 천지였다. 우리 집은 그대로 있었고 교회도 하나도 무너지지 않았다. 온 동리가 울음바다가 되었고 집이 무너져 사람들이 많이 죽었다. 어느 날 갑자기 내무서원이 아버지를 결박하여 끌고 나갔다. 아버지는 눈으로 나에게 마지막 말씀을 하셨다. 인선아 울지 마라 힘내라 하시며…….

어머니는 지금 군부대도 많이 폭격을 당했다고 소문이 났으니 오빠들도 도망쳐 나올 수 있겠다고 말씀하셨다. 집을 잃은 교인들은 교회에 와서 자는 사람, 가족을 잃고 헤매는 사람, 울부짖는 사람, 정말 기가 막혔다.

1950년 10월 19일 국군은 평양을 함락했다. 거리엔 태극기를 든 북한 주민들의 만세 소리가 우렁차게 들렸다.

인민군들은 후퇴하며 이미 감옥, 백화점 지하, 학교 지하에 반동들을 잡아넣고, 불 지르고, 수없이 총살하고, 석유를 뿌려 불을 질렀다. 오빠가 갑자기 나타났다. 빨리 아버지를 찾아야 한다고. 교인과 어머니와 함께 나갔다. 어디서나 시체를 찾기가 너무 힘들었다고 했다. 거기에다 수없이 건물이 파괴되었으니 시체 찾기는 더욱 힘들었다고 했다. 여러 날 찾아다니다 결국 지쳐서 교인들에게 포기하자 하고 집으로 돌아왔다는 것이다.

아버지의 죽음

그날 밤 어머니는 꿈에 아버지를 보셨다고 했다. 아버지는 자신이 대동강에 있으니 찾아보라고 하셨다며 오빠와 교인들과 함께 대동강으로 다시 나갔다. 시체들이 얼마나 많은지 물에 불어서 알아보기도 힘든데 어머니 눈에 아버지의 입고 나간 옷이 보이더라는 것이다. 아버지를 찾으니 이마에 총상, 가슴에 총상, 또 옆구리인가 세 군데라고 어머니께 들었다. 아침에 나가자마자 찾아서 교회장을 치르고 들어오셨다. 오빠는 하룻밤 자고 또 나가며 할 일이 있다고 했다. 미군들의 통역을 맡았다고 했다. 국군은 폭탄을 그냥 놓고 후퇴할 수 없으니까 폭탄에 불을 지르고 후퇴했다는 것이다. 밤새 이미 국군을 따라 월남한 사람이 많았고, 교회 김봉화 집사님 가족이 우리도 함께 남한으로 가자고 했다. 우리는 오빠가 집에 오기를 기다려서 같이 가려 한다고 했다. 하룻밤만 더 기다리기로 했다. 김봉화 집사님은 후창에서도 우리 교회 집사님이셨다. 그 딸이 김행자 교수다. 지금은 평택대학교 음대 교수로 재직하다 은퇴했다. 우리가 평양에 오자 또 평양으로 이사 와서 우리 교회에 오셨다. 항상 남한에 함께 가자고 하셨다. 우리는 더 늦으면 월남할 수 없다고 생각하고 오빠가 집에 돌아올 수 없는 형편이라 친구 따라 월남할지도 모른다고 생각했다.

피란길

어머니는 자식들을 데리고 피란길에 올랐다. 탄광 근처 산으로 올라가시자 여기가 아버지 무덤이라고 하시며 함께 기도하고 떠나자고 했다. 우리는 아버지를 부르며 엉엉 울었다. 아버지 말씀이 들리는 것 같았다. 나는 땅을 파고 아버지 옆에 눕고 싶었다. 나는 평양을 떠나기 싫었다. 거기서 살며 무덤을 지키고 싶었다. "어머니, 우리 죽어도 여기서 살아요. 아버지 없이 남한에 가면 뭘해요. 큰오빠도 없는데 남한에 가지 말아요. 오빠 둘이 모두 돌아올지도 모르잖아요!" 어머니는 아버지가 오빠들 모두 남한에 꼭 가라고 하셨으니 남한에 가면 만날 것이다, 나더러 끝까지 아이들을 지켜 달라 했다, 어서 일어나라 하시며 손을 잡았다. 나는 지금 75세다. 지금도 다시 평양으로 가면 아버지 무덤을 찾을 수 있을 것 같다. 지금도 무덤이 그대로 있을까…….

어머니는 집에서부터 엿을 만들어 짊어지고 엿으로 조금씩 허기를 달래며 힘없이 남쪽으로 걸었다. 외양간에서, 볏짚 속에서, 재수 좋은 날은 남의 부엌에서 겨우 눈을 붙이며 걷고 또 걸었다. 며칠이 걸렸는지 생각도 나지 않는다.

황해도 해주로 갔다. 그 이유는 어머니가 우리 집에 시집오기 전 어머니의 친 딸이 결혼해서 딸 둘을 낳고 황해도 해주에 살기 때문에 해주로 가서 딸과 함께 피란 가야 한다고 했다. 우리는 언니의 집에서 밤새 들리는 총소리에 잠을 못 이루었다. 인민군이 들어왔다. 우리는 마음 졸이며 길을 떠났다.

언니와 어린 딸 둘도 함께 길을 떠났다. 어머니의 사위는 6·25 나기 1년 전 이미 월남했다고 했다. 남쪽으로 가다가 숙골이라는 동리에 도착했다. 이제는 돈이 떨어져 더 이상 갈 수가 없었다. 김봉화 집사님은 먼저 길을 떠났다. 우리는 너무 섭섭했다. 멀리서 총소리가 들렸다. 언니는 시부모님만 두고온 게 괴로워 도로 해주로 갔다. 어린 만선이가 언니 식구를 데려다주고 무사히 돌아왔다. 정말 용감

했다.

그러던 어느 날, 철선이가 갑자기 열이 나며 눈이 히뜩히뜩 흰자위만 보였다. 인민군이 후퇴하는 길에 우리 동리에 묵고 간다고 했다. 동리에서 우리 소식을 듣고 우리 집 아이가 전염병에 걸렸다며 인민군 한 사람이 의사를 끌고와 고치라고 명령하며 나갔다. 의사는 뇌막염이라며 척추에다 주사를 놓고 물을 뽑았다. 이 물이 맑으면 무사하고 만일 쌀뜨물처럼 하얗게 되면 죽든지, 살아도 장애자가 될 거라 했다.

의사는 어머니에게 귓속말로 "나는 남한 의사다. 서울서 잡혀 북으로 후퇴하는 중이다. 북한으로 끌려가고 있다. 나는 도망가야 한다"고 했다 한다. 그리고 약을 주고 나갔다. 밖에서 지키고 있던 인민군 장교는 전염병이라고 하니까 오늘밤 이 동리를 떠나 다음 동리에서 자자고 하며 떠났다. 100여 명의 인민군 한 부대가 빠져나갔다. 동생 철선의 병세는 호전되었다. 그 병 속의 물은 맑은 물이었고 기억도 돌아왔다.

어머니는 더 이상 남한으로 갈 돈이 없어 우리와 함께 엿장사를 시작했다. 동생들은 산에 가서 나무를 해 오고 나는 동리 사람들에게 공전을 받고 털옷을 뜨기로 했다. 나는 어려서부터 어머니에게 장갑, 모자 등 여러 가지 뜨개질 방법을 배웠다.

어느 날 이웃집 부자 할머니가 내게 자기 집에서 자기 며느리에게 뜨개질 하는 법을 가르쳐 주면 월급을 주겠다고 했다. 나는 반가워서 가겠다고 했다. 하지만, 아침 일찍 일어나 며느리 하는 일을 모두 도와야 하고, 물동이 이고 물 긷는 법도 배워라, 농사도 배워라, 뜨개질은 1시간 정도 할까……. 약속과 달랐다. 한 달이 다 되어 갔다. 일이 너무 힘들었다. 그러나 월급을 기대하며 꾹꾹 참았다.

어느 날 갑자기 어머니가 찾아와 나에게 나오라고 하셨다. 뜻밖의 말씀을 하셨다. 주인 할머니가 나를 자기 둘째 며느리로 주면 자기 땅의 절반을 준다고 하며 월남을 하지 말고, 거기서 살자고 했단다. 어머니는 거절했으니 집에 가자고 했다. 어머니가 고마웠다.

세상에 이런 일도 있는가. 나는 한 달 채워서 일한 값을 받아야 된다고 했다. 어머니는 필요 없다며 빨리 집에 가자고 하셨다.

그 동리에 인민군이 후퇴하면서 묵고 갈 때마다 처녀를 잡아갔다. 나도 여러 번 뒤뜰에 있는 독 속에 숨었다가 들킬 뻔했다. 어머니는 마지막 남은 금반지로 남자 청년 안내자를 샀다. 동리 청년인 그는 수업도라고 하는 섬을 드나들며 쌀장사를 하며, 그 섬에 월남하려고 대기하는 사람들을 안내해 주었다. 거기는 남한이다. 반지 하나 가지고 네 식구를 안내해 달라고 해도 한 사람밖에 안 된다고 했다. 어머니는 나에게 먼저 수업도란 섬에서 교회를 찾아가 당분간 있으면 어머니가 돈이 되는 대로 뒤따라 갈 테니 걱정 말라고 했다. 나는 선뜻 가겠다고 했다. 그 청년두 쌀을 지고 나도 쌀을 조금 지고 마낭에서 인사했다. 어머니는 사립문 밖에 나와 우시며 나를 안아 주셨다. 걱정 마라 하시며 내 그림자가 사라질 때까지 손을 흔드셨다.

38선을 넘어서

　　　　　　　　　밤에 떠났다가 들키면 죽는다. 밭으로 들로, 총소리가 나면 엎드리고 기어 가며 밤새 청년 뒤를 따랐다. 지뢰가 묻혀 있어서 청년 뒤에 바싹 붙어 그 길로만 가야 했다. 등에 진 쌀은 왜 이렇게 무거운지 너무 힘들었다. 38선을 어머니와 동생들과 함께 넘었는데 국군이 후퇴하며 연안으로 38선이 또 생겼다. 이번엔 알지도 못하는 청년과 함께 또 38선을 넘었다. 남과 북이 서로 총을 쏘고 있으니 총에 맞아 죽을지도 몰랐다. 바다가 보였다. 모래사장 바위 뒤에 숨어서 안내자는 성냥불을 켰다. 신호가 오지 않았다. 얼마나 지났을까 바다 저쪽에서 불빛이 반짝였다. 우리는 한참 바다를 걸어 들어가 배에 올랐다. 쌀은 다 젖었다.

　배 안에는 많은 사람이 탔다. 그런데 갑자기 내 옆에서 아기가 울려고 하니 아기 엄마가 젖을 물렸다. 그래도 울음을 그치지 않아 수건으로 아기 입을 막았다. 아기는 더 크게 소리 질렀다. 어머니는 울면서 아기를 바다에 던졌다. 자세히 보니 아기 엄마 옆에 세 살 정도 된 아기가 또 있었다. 아기 엄마는 아기를 바다에 던지고 큰아이를 안고 눈물을 흘렸다. 아빠는 없는 것 같았다. 그 아기 엄마의 안내자와 미리 약속이 된 것처럼 아무 말 없이 쉽게 버렸다. 나중에 들은 이야기지만 신호를 보내다 발각되어 모두 죽는 일도 많다고 했다. 우리는 무사히 수업도에 도착했다.

　새벽이 되었다. 안내자는 산으로 올라갔다. 나도 함께 올라가니 천막 치고 사는 사람들이 꽉 차 있었다. 안내자가 들어가는 곳은 세모난 조그만 천막이었다. 그 안에는 청년 남녀가 자고 있었다. 그 남녀는 피란민 남매라고 했다. 안내자는 한잠 자고 아침에 교회로 데려가겠다며 마음 놓고 자라고 했다.

나는 아침이 될 때까지 앉아 있었다. 잠이 올 리가 없었다. 아침을 먹고 안내자는 나와 함께 교회로 가며 하는 말이 교회가 폭격에 없어졌고 학교 교실 하나를 빌려 예배를 본다고 하며 자기도 교회 교인이라 했다. 목사님을 만났다. 젊으셨다. 목사님도 피란민이고 혼자 38선을 넘었다고 했다. 목사님께 사정을 이야기하니 교인 중에 군복 만드는 공장 사장이 계시니 함께 가서 부탁해 보자고 했다. 사장님은 월급 없이 먹고 자기만 하면서 공장일을 하라고 했다. 가 보니 방도 부부가 쓰는 방 하나였다. 커튼을 치고 한방에서 살자고 했다. 부인을 보니 배가 많이 불러 있었다. 지금 생각하니 임신 7개월 정도 되었을 것 같았다. 공장에서 군복에 단추를 달라고 하며 떨어지지 않게 다는 방법을 알려 주었다. 나는 지금도 군복을 입은 군인을 보면 단추를 보며 미소 짓는다.

나는 새벽 5시 새벽기도회에 갔다. 새벽 6시가 되면 배가 들어오는 시간이었다. 한 달 정도만 기다리면 기게 될 것 같나고 하신 어머니는 석 달이 되어도 오지 않았다. 나는 새벽마다 바닷가로 나가 어머니와 동생들이 배에서 내리기를 기다렸다. 하지만 매번 실망했다.

드디어 사장님 아기가 태어났다. 아들이었다. 나는 공장일을 그만두고 아기 엄마를 돌보고, 살림도 모두 하고, 우물에 가서 물동이 이고 물도 길어 오고, 빨래도 하고, 아기도 보고……. 숙골 생각이 났다. 그 할머니 밑에서 둘째 며느리로 준비되며 한 달 동안 혹사한 경험이

▫ 수업섬에서

또 이렇게 쓰이다니. 그 훈련 덕에 반찬도 잘 만들었다. 아기 이름은 수업도에서 태어났다고 '수업'이라 했고 내가 16살 때이니 그 아기가 지금쯤 59세일 것이다.

　아기를 낳은 지 한 달쯤 지나자 사장님이 아기 엄마가 회복됐으니 나더러 손수건 장사를 하라는 것이다. 군인들은 하얀 수건을 목에 건다. 그 머플러를 만들고 나면 자투리 천이 남는다. 그것으로 손수건을 만들 테니, 내다 팔면 군인들이 살 것이라는 것이다. 나는 장사를 해 본 일이 없지만 밥을 먹으려면 할 수 없었다. 이미 만들어 놓은 손수건을 주며 시장바닥에 나가라고 했다.

　나는 물건을 보자기에 싼 채로 시장으로 나갔다. 빈자리에 펴 놓고 있는데 어떤 아저씨가 자리 값을 내라고 했다. 그게 뭐냐고 묻자 모르면 집에 가라고 했다. 나는 보자기를 들고 서서 지나가는 사람들 보고 작은 소리로 "손수건 사세요!" 하며 서 있는데 저쪽에서 할아버지가 이리 오라고 손짓했다. 그 할아버지는 군인들에게 필요한 하얀 목장갑을 돗자리에 펴놓고 팔고 있었다. 자기 돗자리 옆에 자리를 내주며 나더러 거기에 펴놓으라 했다. 그 할아버지는 "장사 처음이지?" 하시며 내 사정을 물으셨다. 하루 종일 한 개밖에 못 팔았다. 할아버지 장갑은 많이 팔렸다.

사장님에게 나는 손수건 값이 너무 비싸서 팔리지 않는다고 했다. 사장님은 말도 안 된다며 "한 개도 못 팔면 너는 그날 저녁 굶는 줄 알아라" 하셨다. 눈물이 핑 돌았다. 그래도 장사한 지 또 한 달이 지났다. 군복도 일거리가 적어졌다. 내가 필요 없는 존재가 되어 가는 것 같았다. 하루는 저녁이 되어 가는데 정말 한 개도 못 팔았다. 나는 굶었다. 점심에 주먹밥 하나 싸가지고 가서 먹은 게 전부니 얼마나 배고픈지 잠이 오지 않았다. 사장님은 나를 내쫓으려고 하는 것 같았다. 나는 꼬박 밤을 지샜다.

새벽 5시. 나는 교회도 가지 않았다. 바위 꼭대기로 올라갔다. 고무신을 벗었다. 그만 떨어내릴 심신이었다. 널리 보니 배가 들어왔다. '만일 오늘 어머니가 오시면 얼마나 나를 찾을까? 하루만 더 기다리자.' 나는 배를 기다렸다. 희망이 없다. 내려왔다. 시장으로 갔다. 여전히 손수건을 그대로 들고 나왔다. 할아버지는 "너 진짜 굶었냐? 이 도시락 먹어라!" "아니요! 할아버지 점심인데 어떻게 먹어요. 싫어요." 나는 먹지 않았다. 나는 물에 빠져 죽을 결심을 했기 때문이다. 할아버지는 장갑을 사러 오는 사람들보고 손수건도 사라며 "못 팔면

얘가 굶어요" 하셨다. 그날은 한 개 팔았다. 그 이튿날, 배가 올 시간이다. 많은 사람들이 내리지만 어머니와 동생들은 또 보이지 않았다.

　나는 저쪽 바다 옆 바위 위에 올라갔다. 내 옆에 고무신을 나란히 놓고 치마를 뒤집어썼다.

　가슴이 답답해진다. 목이 탄다.
　하늘도, 해도, 구름도, 달도, 별도 없다.
　바람이 부는가? 비가 오는가? 천둥이 치는가?

　바다는 나를 본다.
　나도 바다를 본다.
　땅속 깊숙이 아버지가 보인다.
　아버지! 아버지!
　바다는 대답이 없다.

　바다 속 아버지는 이마에 피흘리며,
　하나님이 너를 보고 있다고!
　나는 하나님이 안 보여요. 아버지!
　나는 바다 속에서 살 거예요!
　영원히 북한을 저주하며, 행복하게 살 거예요!

　죽으면 배고픔, 그리운 가족, 아무것도 모르니 얼마나 좋을까? 아니 좋은 것도 모른다. 죽자! 죽자! 떨어지자! 떨어지자!

ㅁ 가족을 기다리며

　주일 학교에서 배운 선생님 말씀을 생각했다. 자살하면 불이 활활 붙는 지옥에 간다고……. 무서웠다. 죽지도 않고 뜨거우면? 큰일이다.
　그 다음 날. 그날따라 나 혼자만 새벽기도회에 왔다. 목사님은 나를 위해 설교를 하셨다. 그리고 우리 아버지의 숭고한 죽음이 온 백성의 영혼을 살리셨다고 기도하시며 그 가족이 아버지의 뜻을 이어 가는 축복받는 가정이 되게 해 달라고, 빨리 가족을 찾는 기적이 일어나게 해 달라고 울먹이시며 기도하셨다. 예배가 끝나고 내 손을 잡아 주시며 "힘내라! 하나님이 함께하신다. 곧 오실 거다"고 말씀하셨다. 목사님이 나를 살리셨다. 목사님은 내 마음을 어떻게 아셨을까? 너무 감동했다. 그 다음부터 나는 "하나님, 나에게 지혜를 주시옵소서. 솔로몬의 지혜를 나에게도 주시옵소서" 하며 장사하면서도 기도했다.

한편 어떻게 하면 손수건이 팔릴까 고민했다.

나는 갑자기 중학교 때 학교에서 수놓는 방법을 배웠던 기억이 났고 어머니도 가르쳐 주셨다. 나는 사장집에 수실이 있는 것을 보았다. 실을 가져다 시장에 나가 물건도 안 팔리는데 수나 놓으며 시간을 보내자고 생각했다. 나는 땅에 앉아 손수건 한 귀퉁이에 장미꽃 한 송이를 수놓았다. 잎은 초록색으로 꼭 두 잎만 놓았다. 잠깐이면 되었다. 한 처녀가 지나가다 수놓은 손수건을 샀다. 이제 살았다. 시장 바닥에서 장사하는 아주머니들도 또 지나가는 아저씨들도 샀다. 나는 사장 부인에게 이 사실을 말하니 아주머니도 수를 잘 놓으신다고 하시며, 해바라기, 튤립, 민들레, 코스모스 등 다양하게 수를 놓아 주셨다. 아주머니는 더 비싸게 받으라고 하셨다. 나는 그 대신 하얀 손수건을 조금만 싸게 팔자고 제안했다. 아주머니가 허락하셨다.

그렇게 또 두 달이 지나도 어머니에게 소식이 없어 또 불안해지기 시작했다. 나는 주인 사장에게 사정하여 교통비를 받아 혼자 월남할 계획을 세우고 있었다. 새벽에 바닷가에 나가는 것도 포기하고 수놓는 일에 열중했다.

그러던 어느 날 아침, 목사님의 안내를 받아 어머니와 동생들이 시장으로 오셨다. 나는 너무 놀라 "어머니!" 하며 부여잡고 엉엉 울었다. 동생들도 함께 붙잡고 울었다. 할아버지도, 근처에서 장사하시던 할머니도 눈물을 닦으셨다. 막내동생은 나를 보고 거지인 줄 알았다고 했다. 어머니와 함께 집으로 갔다. 사장님은 "훌륭한 딸을 두셨습니다. 인선아, 고생했다" 하시며 어머니에게 교통비를 주셨다. 나는 지금 늙어서야 이 진리를 깨달아 나의 병을 안고 살며, 고통이 오면,

또 병들 때면, 하나님의 하시는 일을 나타내고자 하심이니라 하신 말씀(요한복음 9장 3절)을 생각하며 어떤 고통도 극복하는 힘을 가지고 살고 있다. 나는 거의 7개월 만에 가족을 만났다.

오빠를 찾아서

우리는 배를 타고 인천으로 갔다. 어머니는 무조건 교회를 찾았다. 인천 제일교회였다. 목사님은 피란민들이 교회로 많이 찾아오셔서 많은 돈은 못 드린다고 하시며 교통비를 주셨다. 우리는 기차를 타고 부산 평안교회를 찾았다. 목사님을 만나 서용문 목사님 가족이라고 하니 김윤찬 목사님은 깜짝 놀라며, 서용문 목사는 평양 친구라 하시고, 오빠 서광선이는 지금 해군으로 진해에 있다고 했다. 오빠가 살아 있다니! 우리는 기뻐서 어쩔 줄을 몰랐다. 어머니는 진해로 갔다. 부대에서 뛰어나오는 오빠를 만나 부산으로 왔다. 오빠를 만나니 아버지가 살아서 돌아온 것만큼 반가워 붙들고 울었다.

목사님은 방을 주시며 집을 구할 때까지 머물라고 하셨다. 그 후 어머니는 모자원이라는 목사 일가족 일터가 있어 재봉틀로 제품을 만드는 조그만 공장에서 일하게 되었고, 부산 영주동 산중턱에 오빠와 친구들이 집을 지었다. 나무기둥과 종이 박스가 벽이고 지붕은 천막이었다. 그런 집을 사람들이 하꼬방이라 불렀다. 초량 옆 영주동산은 피란민 촌이었다. 산꼭대기에는 영주교회가 있었다. 이승만 대통령

▫ 부산 영주동 판잣집

당시 포로 교환 때 둘째오빠 웅선이를 찾으려고 큰오빠가 제주도, 거제도를 모두 찾았으나, 결국 찾지 못했다.

우리는 영주동으로 이사 갔다. 산 너머에서 물을 길어오고, 빨래도 하고, 겨울엔 얼음을 깨고 빨래를 했다. 나는 가방을 들고 가는 학생만 보면 눈물이 나왔다. 어머니 월급으로는 동생들 초등학교 보내기도 힘들었다.

형편없는 무허가 판잣집이라도 내 집이라 생각하니 너무 좋았다. 하지만 몇 달이 지나 불이 났다. 어머니의 "불이야!" 하는 소리에 깨어 보니 이미 여러 집이 불붙고 있었다. 추운 겨울 영주동 산꼭대기의 영주교회로 올라갔다. 나는 자던 이불을 둘둘 말아 안고 올라갔다. 어머니는 버리라고 소리쳤다. 북한에서 장거리 마라톤 선수였던 나는 이불을 끝까지 안고 갔다. 교회에 도착하니 이미 많은 사람들이 대피하고 있었다. 우리는 이불 속으로 들어가 추위를 면했다. 판자촌이라 순식간에 산중턱까지 불에 타고서야 진화되었다. 우리 집은 산중턱이었는데, 산언덕 좁은 길이라 소방차가 미치지 않는 곳은 집을 헐어 버렸다. 내려가 보니 우리 옆집도 헐리고, 윗집도 헐리고, 아랫집은 모두 불탔다. 하지만 우리 집은 멀쩡했다.

그 후 나는 양말 공장에 취직했고, 밤에는 YMCA에서 운영하는 영어 학원에서 중 1, 2, 3권을 3개월에 끝내고, 신광야간고등학교에 입학했다. 양말공장 월급은 많았지만 일찍 퇴근할 수 없었다. 그러던 차에 마침 출판사에 취직하게 되었다. 내 능력으로 학교에 갈 수 있다는 즐거움, 자신감, 용기, 무슨 일이든 포기하지 않고 목표를 달성할 수 있다는 생각에 가슴이 두근거렸다.

그러나 잠시뿐, 일하며 공부하는 것은 너무 힘들었다. 예습, 복습을 할 시간도 없었다. 보고 싶은 책은 너무도 많았다. 도스토예프스키의 『죄와 벌』, 펄벅의 『대지』, 이광수의 『사랑』. 혹시 책을 사게 되면, 그 책을 살 수 있다는 기쁨이 얼마나 큰지 너무 감동해서 밤새 읽었다. 북한에서는 북한의 정치 이념과 남한의 자본주의 사회의 문제점, 공산주의는 왜 좋은가, 빈부의 차이도 없이 누구나 평등하게 잘살 수 있는 권리가 있다, 적화 통일이 무엇인가, 우리는 모두 뭉쳐야 한다는 그런 책만 읽게 했다.

나의 학창시절

어느 날 과학선생님, 최덕화 선생님이 "너 주간 고등학교에 갈 생각 없냐? 편입시험에 한번 응시해 보렴" 하셨다. 북한에서의 교육은 수학과 과학은 남한과 내용이 같아서 우수한 성적이었지만, 나머지 교과는 자신이 없었다. 세계사만 해도 북한에서는 소련, 중국, 불가리아, 헝가리, 체코슬로바키아, 루마니아 등 공산국가만 배웠기 때문에 역사, 사회가 문제였다.

피란 와서 처음으로 순교자 유가족 사택(미실회)으로 이사 가게 되었다. 범일동 버스에서 내려서도 20분 정도 걸어가기 때문에 학교가 멀어졌다.

그날 나는 집에 가는 길에 가위를 들고 째깍째깍하며 리어카를 끌고 가는 엿장수를 보았다. 그는 평양 보령교회 중등부 학생회장, 장로님 아들이 아닌가! 그도 평양에서 중3이었다. '성경암송대회 1, 2등을 다투던 그 학생 아닌가. 좋은 친구였다. 교복 입은 나를 보면 얼마나 상처를 받을까 하는 생각에 그냥 돌아섰다. 마음이 쓰렸다. 그때 본 것이 끝이었다. 나는 부산 송도에 천막 친 배화여고 편입시험에 합격했다. 고등학교 2학년을 마치기 전 9·28수복으로 학교는 서울로 가게 되었다. 나도 서울에 가고 싶었다.

나는 평양에서 같이 피란 오다 헤어진 행자네가 서울 장충동에 살고 있다는 것을 알고 있었다. 나는 무조건 찾아갔다. 반갑게 맞아 주며 함께 살자고 하셨다. 그 시절에 이런 호의는 아무나 할 수 없었다. 그 집도 참 어렵게 살고 있는 처지였다.

얼마 후 행자네는 나를 자기 이모네 집에 가정교사로 소개했다. 혜화동에서 사직공원 뒤 필운동 배화여고까지 걸어가야 했다. 밥만 먹는 조건으로 초등학교 5학년 학생을 매일 밤 지도해야 하니, 몇 개월 있으면 고3이 되는 나에게는 큰 부담이었다. 하지만 어머니의 전도사 월급으로는 용돈을 기대할 수가 없었다.

나는 동대문시장으로 갔다. 그 당시는 털실로 짜야 하는 옷들은 모두 손뜨개질로만 하던 때나. 아기 모사 가세에 들어가 내 형편을 말씀드리자 아기 모자 견본을 짜 오라고 했다. 내가 짠 모자는 주인 마음에 들었고, 난 수업시간 책상 및 무릎 위에 털실을 놓고 몰래 아기 모자를 짜면서 수업을 들었다. 충분히 칠판을 보며 손뜨개질을 할 수 있는 실력이었기 때문에 걱정이 없었다.

그러나 어느 날 가정시간이었다. 십자수를 가르치던 가정선생님께 발각되어 선생님은 수업 끝나고 교무실로 오라고 하시고 수업을 계속하셨다. 교무실로 간 나는 사정을 말씀드렸다. 선생님은 뜻밖에 자기 스웨터를 짜달라며 대신 수업시간에는 절대로 짜면 안 된다고 하셨다. 선생님은 장학금이라며 스웨터 값을 예상외로 많이 주셨다. 고3 때 음악선생님은 음대에 가고 싶어 하는 나에게 음악이론을 무료로 가르쳐 주셨다. 지금도 나는 부산 신광야간학교 때의 일이 머리에서 떠나지 않는다.

고1 신광야간학교 때 수업이 끝나자 음악실에서 친구가 성악 지도를 받고 있었다. 나도 너무 배우고 싶어 시창 교재를 마련하여 펴놓고 옆에서 듣기만 했다. 친구 옆에서의 청강이 며칠 계속되자 음악선생님은 "너는 왜 여기 들어오느냐, 나가라!" 하셨다. 친구와 함께 집에 가려고 기다리는 중이라고 대답했지만 "나가서 기다려!" 하시며 방해된다고 하셨다. 할 수 없이 잘 안 들리지만 창문 밖에 서서 공부했다.

그 후 정신여고 친구 이성실은 정신여고 음악선생님 댁에서 일주일에 한 번씩 성악 지도를 받는다고 하며 선생님 댁에서 만나자고 했다. 호진옥 선생님이라 했다. 나는 선생님이 또 나를 내쫓을 것 같아 마음 졸이며 옆에 앉아 열심히 듣고 익혔다.

한 달 되었을까? 그날 성실이는 오지 않고 나만 혼자 와서 기다리고 있었다.

선생님은 처음으로 "너도 배우고 싶냐? 어디 한번 해 보자" 하셨다. 나는 자신 있게 불렀다. 선생님은 "이 정도면 이제부터 열심히 하면 대학에 붙을 수 있겠다. 내가 가르칠 테니 교습비는 형편대로 내렴" 하셨다. 나도 모르게 "선생님!" 하며 눈물을 주루룩 흘렸다.

나는 학교와 교회의 피아노로 최선을 다해 연습했다. 어머니는 나에게 "나는 너를 대학에 보낼 수가 없다. 네 동생들은 남자니 대학 안 보낼 수 없지 않느냐"는 것이었다. 한 3개월이면 대학 입학시험을 봐야 했다. 나는 "일단 합격이라도 해 놓자. 그리고 그때 가서 생각하자"고 생각했다. 호진옥 선생님은 아기 낳을 때가 되어 휴직하셨고 숙명여자대학교 교수 엄경원 선생님을 소개해 주셨다. 그리고 나는 마침내 서울대학교 음악대학에 합격했다. 하지만 어머니는 학비 때문에 걱정하셨다.

"합격했는데 못 간다면 나는 한강에 빠질 거예요" 하고 소리 지르며 울었다.

나는 언제나 급하면 영주교회 방 장로님을 찾아갔다. 장로님은 축하한다고 하시며 등록금 2만 원을 선뜻 주셨다. 평소에도 잘해 주셨는데 감사하는 마음에 무슨 말씀을 드려야 할지 몰랐다. 2학년 때는 오빠에게서 돈이 와서 방 장로님께 빌린 것부터 갚았다. 빌린 돈을 다 갚고 나니 또 걱정이 되었다. 그때 반가운 소식을 들었다. 장충동에 중학교에 못 가는 학생들을 위해 무허가 야간 중학교가 임시로 천막을 치고 세워졌다는 것이다. 나는 무조선 달려갔다. 음악 수업은 없어서 지리를 가르치게 되었다. 그러나 1년쯤 되어 천막이 헐리고 장충체육관이 들어섰다. 나는 숙명여자대학교 이동훈 교수님이 지휘하시는 필그림 합창단에 합격했다. 그리고 이동훈 교수님이 가르치는 창덕여고 학생들 중 음대를 희망하는 학생 3명의 성악 지도를 부탁받았다. 몇 달 후 내가 가르친 아이들이 교내 콩쿨에서 1, 2등과 4등을 받게 되니 이후로는 계속해서 아르바이트가 끊이지 않았다. 할 일이 너무 많아 방학에도 부산 어머니 계신 곳에 못 가 볼 정도였다.

　기쁜 소식이 들렸다. 3학년이 되자 용산구 후암동 남산 밑에 감리교회에서 운영하는 함덕관이라는 여학생 기숙사가 세워졌다는 것이다. 조건이 지방에 있는 목사의 자녀 중 성적이 우수한 학생이어야 하며, 순교자 자녀는 1순위라 했다. 어느 교파든 상관없고, 각자 자기 교회에 다녀도 자유라 했다. 나는 살 것만 같았다. 학생은 거의 50여 명이었고, 회비는 식비만 내면 됐다. 거실에 피아노도 있었지만 규칙은 엄했다. 밤 10시면 전기를 꺼야 했다. 그래서 거의 새벽에 일어나서 공부했다. 일 년 못 되어 어머니에게서 소식이 왔다. 동생 둘 모두 서울에 가서 공부를 한다고 떼를 쓰니 할 수 없다 하시며, 영주교회 김윤한 장로님 댁에 방을 마련했으니 짐을 옮기라는 것이었다. 의논도 아니고 명령이었다. 함덕관은 정말 공부하기 좋은 환경이었다. 서울대 음대 선배도 두 명 있었고 이제 좀 살만 했는데, 내가 동생들을 돌보며 아르바이트도 하고 무슨 공부를 할 수 있는가. 어머니가 원망스러웠다.

　어머니는 "너만 편하면 다냐?" 하며 야단을 치셨다. 길러 준 은혜를 생각하면 어머니께 감사해서 순종할 수밖에 없었다. 동생들은 많이 컸다. 누나와 같이 살게 되어 너무 좋아했다. 동생들은 내 고충을 이해했다. 그러나 쌀이 떨어질 때가 문제였다. 외상값은 쌓였고, 심적 고통은 설명이 안 되었다. 숙제를 하기 위해 새벽부터 학교에 가서 피아노를 치고, 학교 수업이 끝나면 아르바이트로 학생들에게 성악을 가르쳐야 하고, 집에 오면 저녁밥을 해서 항상 밤중에 저녁을 먹곤 했다. 몇 달 안 되어 기독교 총회에서 을지로 6가 동국대학 근처에 순혜원이라는 순교자 유가족 사택을 마련했다. 낡은 창고를 사서 나무판자(베니다)로 한집에 한 칸씩 칸을 막아 부엌도 없었고, 옆방의 말소리도 다 들렸다. 30세대가 사는데 마당에 공중수도도 하나였다. 어머니는 집에서 제품 바느질을 하셨다. 밤새 재봉질을 하시니 다리가 부어올랐다.

1955년 갑자기 어머니의 동생(외삼촌)이 부인과 여덟 살 된 아들 순식이와 함께 북한에서 찾아왔다. 취직을 못 하니 술을 마시고 밤새 떠들어서 우리는 마음이 조였다. 어머니는 하나밖에 없는 동생이 불쌍했지만 너무 당황해 하셨다. 참다 못 한 순식이 엄마는 결국 아이를 데리고 가출했다. 밤이 되자 삼촌은 또 술에 취해 방안에 있는 부엌살림을 문밖으로 내던지며 누님이 순식이 엄마를 내쫓았다고 행패를 부리는 것이었다. 삼촌은 어머니에게 남의 자식 키우며 재혼도 하지 않고 이게 사는 거냐고, 누님 믿고 의지하려고 탈북했는데 이게 집이냐고 소리 질렀다. 아침이 되자 삼촌은 '마누라 찾으러 나갑니다' 하며 나갔다.

몇 달이 지났다. 순혜원 집이 또 헐린다는 것이다. 중랑교 경희대 근처 기찻길 옆에 새로 사택을 지어서 방 두 칸에 부엌 하나를 배당받았다. 가는 곳마다 부엌에 수도가 없어 우물에서 물을 길어와 빨래까지 해야 하니 정말 힘들었다.

당시에는 종로 5가 서울대 문리대 건너편 서울대 의대 뒤에 음악대학이 있었다. 학교가 나만 먼 것이 아니라 동생들도 너무 멀어 고생이 많았다. 서울 와서 3년 사이 여섯 번째 이사를 했다. 그 후 숭실대학에서 순교자 유가족은 대학 등록금을 면제해 주는 제도가 생겼다. 숭실대학은 6·25 후 평양 숭실대가 옮겨온 어렵게 세워진 학교다. 이미 연세대, 고려대, 이화여대에 재학 중인 학생들이 등록금 문제로 고민하다가 숭실대학으로 옮기는 것이었다. 음악과가 숭실대에 있었으면 어머니는 나에게도 옮기라고 했을 것이다. 아르바이트하며 피나는 노력으로 합격했는데 얼마나 가슴이 아플까······.

철선이는 축구, 농구, 테니스 등 못하는 것이 없었다. 체육과를 가자니 바로 앞에 경희대가 있었지만 등록금을 감당할 수가 없으니 할 수 없이 동생들 모두 숭실대학에 입학했다. 나는 드디어 졸업연주회 준비를 하게 되었다. 고3 때 졸업여행으로 경주에 가는 것도 못 갔고, 대학 때도 못 갔다. 지금도 그 상처가 너무 깊다.

오빠가 해군에 있을 때다. 대학 입학식 때도 고등학교 교복에 흰 칼라만 떼고 검은 교복 입고 입학식에 참석했다. 오빠는 해군 월급이 얼마나 된다고 대학생다운 옷을 사라며 돈을 보냈다. 돈이 생기니 책도 사야 하고, 가방도 사야 하고, 구두도 사야 하고, 동생들 운동화도 떨어지고······ 사야 할 것이 한두 가지가 아니었다. 신문을 돌리며 아르바이트하는 동생들을 보면 '빨리 내가 졸업하고 취직해서 돌봐야하는데······' 항상 그것이 소원이었다. 꼭 필요한 것을 사고 나니 내 원피스는 하나밖에 못 샀다. 오빠가 진해에서 올라와 옷 산 것을 보자고 하셨다. 옷을 보자 "이것밖에 못 샀어?" 한다. 할 말이 없었다. 오빠는 미국 가서 고학하면서도 고층빌딩의 유리를 닦아서 번 돈을 나에게 학비로 보내 주어 등록금을 낼 수 있었다. 그동안 진 빚을 갚아야 한다. 오빠가 이자만 쓰라고 했지만 모두 다 써 버렸다. 음악대학은 악보 교재비 값이 고가라 내 형편에 산다는 것이 너무 힘들어 교수님이 빌려 주었다. 나는 오빠에게 슈베르트, 슈만 가곡집, 베르디, 푸치니 오페라집을 부탁하니 부쳐 주어 친구들에게 자랑했다. 자랑하는 일은 생전 처음이었다.

드디어 졸업 때가 다가왔다. 1956년 흑백 텔레비전 시절, 선생님은 네가 가곡은 참 잘 불러서 TV에도 출현시켰고 오페라에도 출현시켰지만, 졸업 연주회 때 오페라 아리아를 부르려면 두 옥타브하고도 3도는 더 고음을 낼 수 있어야 졸업연주곡을 선택할 수 있다고 했다. "노력해라. 할 수 있다. 그리고 대학원을 준비해라. 너는 너무 늦게 성악을 시작했지만 네 소리는 크고 감정도 풍부하다. 슬픈 노래는 너무 기가 막히게 하는데 발랄하고 기쁜 표현은 미흡하다" 하시며 용기를 주셨다.

선생님은 책도 빌려 주시고 김학상 교수님 댁에서 전축으로 '오페라 아리아' 도 들려주시며 성의를 다하여 가르쳐 주셨다. 졸업연주는 성공적이었다. 정말 나는 선생님 말씀대로 하고 싶었다. 어머니는 강원도 현리에서 현리교회 전도사로 계시며 항상 염려했다. 제품 바느질하실 때보다 전도사 월급이 적어서 어머니는 "네가 고생이 많다"며 위로해 주셨다. 그러나 나는 집이 어떻게 돌아가든 빚을 시고라도 끝까지 공부를 하고 싶었다. 나는 '네 목소리가 벨칸토라고 하니 이태리로 가면 성공한다' 는 말을 들었다. 나는 지도 교수가 남자라 발성법에 대한 이해가 너무 힘들었다. 그러나 장점도 있었다. 나의 개성 있는 소리였다. 겨우 3학년이 되서야 성숙하기 시작했다. 졸업은 했지만 이제부터가 문제였다. 취직을 해야 공부할 수 있을 텐데 취직이 안 되었다. 정신여고에서 음악선생을 모집한다는 소식을 듣고 이력

서를 가지고 교장실로 갔다. 경력이 없어서 안 된다 했다. 나는 차라리 결혼을 해서 우리 집 식구를 한 명이라도 줄이는 것이 어머니를 돕는 길이라고 생각했다.

　대학 1학년 때 교회청년부에 서울대사대 역사과 3학년 홍경만이라는 청년이 있었다. 내가 서울대 음대 합격 여부를 보기 위해 학교로 갔을 때 등 뒤에서 굵직한 목소리로 어깨를 툭 치며 "축하합니다" 하는 것이 아닌가. 우리 식구는 한 명도 없고 오로지 한 명, 홍경만 청년부 회장뿐이었다. 내가 3학년 때인가 교회에서 청년설교대회가 있었다. 홍경만이란 청년이 얼마나 설교를 잘하는지 그때 나는 결심했다. '이 남자다!' 하지만 어머니는 가난한 오남매의 맏아들이라 고생한다며 네가 결혼하고도 공부할 수 있는 집에 시집 가도록 하라고 하셨다. 나는 내가 가난하기 때문에 가난한 사람이 나를 이해할 수 있다고 생각했다. 홍경만도 북한에서 피란 온 가족이고, 장로님 집안이고, 취미도 같아 결혼을 결심했다. 계속 취직이 안 되어 결혼을 미루고 있으니, 방 장로님은 자기 집에서 약혼식이라도 하라고 하셨다. 홍경만 청년이 장로님의 친척도 아니고 나도 성가대원이라는 것뿐이다. 시집이나 우리 집이나 20평도 안 되니 집만 빌려도 저렴하게 약혼식을 할 수 있었다. 우리는 약혼식은 생략하자고 해도 시부모님은 하기를 원했다. 지금은 모두 돌아가셨지만 그때 일을 잊을 수가 없다. 그리고 드디어 영주교회 계창주 목사님 주례로 결혼을 했다. 어머니는 전혀 결혼 준비가 안 된 상태라 반대했지만 나는 결혼해서라도 취직하고 공부를 계속하고 싶었다. 나는 둘이 함께 미국에 공부하러 가고 싶었다. 하지만 그는 군대 입대를 앞두고 있었고 빈손으로 결혼하는 것이었다.

결혼

홍경만 청년은 내게 줄 예물로 금반지와 내가 자기에게 줄 만년필을 샀다면서 청혼을 했다. 나는 대학 졸업을 1959년에 하고 그해 9월 28일에 결혼했다. 신혼여행도 못 갔다. 오남매의 맏아들에 20평도 안 되는 해방촌 무허가 판잣집에 온 식구가 사는 신랑이었다. 1년 후 아들 지훈이를 낳고 남편은 군대에 입대했다. 군대에 갈 때 빈손으로 보낼 수가 없어 결혼반지를 팔아 돈으로 주니 지훈 아빠는 생활비로 쓰라며 비상금만 갖고 갔다. 그 후 지순이를 낳고, 모두 11식구의 가난은 내가 피란 올 때의 힘든 고생이 없었으면 극복하기 힘들었을 정도로 심했다. 나는 결혼하고 계창주 목사님의 소개로 파주 탄현면 곰소에 있는 가난한 학생을 위한 고등공민학교에 취직이 되었다. 학교는 산꼭대기 1, 2, 3학년 각 한 반씩 3개 반이었고, 나는 학교 옆 사택에 혼자 있게 되었다. 서울에서 온 선생님들은 걸어서 20분 정도 걸리는 산 아래 동리에 세 들어 산다고 했다.

그 학교 선생님 말씀으로는 밤에 학교 전체가 텅 비어 있고 뒤는 묘지가 많아 너무 무섭고 38선이 가까워 총소리도 들린다고 했다. 겨울에 집이 추워 살 수 없어 오래전부터 아무도 살지 않았다고 했다. 나는 "여기 좋습니다" 하며 짐을 옮겼다. 정말 밤이 되니 미군이 총 들고 산을 지키는지 순회하며 불이 켜져 있는 내 방을 노크했다. 놀라 나가니 미군이었다. 여기서 살고 있냐고 묻기에 그렇다고 했다. 밤만 되면 아기 지훈이가 너무 보고 싶고 다시 서울로 가고 싶었다. 발자국 소리가 자주 들리니 잠을 설쳤다. 미군이 노크는 다시 안 했지만 자꾸

불안했다. 두 달쯤 참고 살았는데 아침 신문을 보는 순간 깜짝 놀랐다. 신문 제목만 읽을 수 있고 작은 글씨는 흐려서 읽을 수가 없었다. 원래 눈이 근시지만 너무 놀라 안과에 갔다. 의사는,

"처음 보는 것 같은데, 혹시 선생님은 아기와 떨어져 있나요?"

"예."

"아기 생각에 잠을 못 주무셨나요?"

"예."

"너무 오래 못 주무시고 과로하면 잠시 이런 현상이 옵니다. 그리고 영양실조입니다. 선생님, 아기를 여기서 키우며 근무하십시오. 영양도 섭취하시고요. 종합 비타민도 드십시오"라고 했다.

나는 서울에 연락하여 큰고모 홍민숙에게 아들 지훈이와 함께 와달라고 했다. 시어머니는 나에게 보내 주었다. 곰소에 사시는 여선생님 한분이 자기 집에 빈방이 있으니 그냥 오라는 것이었다. 감사했다. 부모님이 농사를 지어 채소도 먹을 수 있고 지훈이도 잘 자라고 아기 고모의 정성을 잊을 수가 없었다. 눈은 3~4개월 정도 되니 정상으로 돌아왔다. 그렇게 파주에서 1년 근무하고 서울 광화문 근처 협성 고등공민학교에 취직이 되었다.

당시 학생들은 검정고시에 합격해야 일반계 고등학교에 응시할 수 있는 자격이 주어졌다. 야간에는 직장을 다니며 힘들게 학교 다니는 학생, 정말 눈물 없이는 학생들의 이야기를 들을 수 없었다. 지금은 50대가 된 제자들이 훌륭히 자라 가끔 동창회에 초청해 어린 시절 이야기에 꽃을 피운다. 그 후 나는 공립학교 교사채용고시에 합격하여 상도여중, 서울여중, 관악고, 경기여고, 여학생생활교육원, 사직연수

원 교육연구사, 서연중 교감, 연서중학교 교감으로 일하다 1999년에 정년퇴임했다.

1971년 서울여중에 근무할 때의 일이다. 탈북자인 외삼촌이 학교로 찾아온 것이다. 20년 만에 나타났다. 교무실로 인터폰이 왔다.

"어떤 거지가 서인선 선생님을 찾아왔어요. 외삼촌이라고 합니다. 어떻게 할까요?" "예, 기다리라고 하세요, 나갈게요." 나는 깜짝 놀랐다. "삼촌! 순식이는 찾았어요?" "못 찾았다" 하셨다. "내가 이 꼴이 된 것은 아직도 가족을 찾느라 전국을 다니며 찾다가 거지가 됐다. 이젠 양로원에 갈 테니 걱정 말아라" 하시며 "돈 좀 주렴" 하셨다. 나는 돈을 드리고 인사했다. "수원에 한번 찾아갈 게요." 집에 가니 삼촌은 남편이 근무하는 숭문고등학교에도 들렀다고 했다. 그리고 몇 년 후 양로원에서 연락이 왔다. 삼촌이 돌아가셨다는 것이다. 우리는 어머니와 함께 갔다. 어머니는 많이 우셨다.

직장과 가정

나의 교사 생활은 상담실에서 근무를 하니 방과후 일이 많아 늦게 귀가하는 날이 많았다. 내가 북한에서 거지처럼 산 이야기로 이탈하는 학생들의 마음을 열게 했다.

교감이 되고 나서의 일이다. 나는 직원회의 때 선생님들에게 이렇게 말했다.

"아이들 때리지 마세요. 꼭 때리고 싶으면 제가 때리겠습니다. 문제가 생겨 그만두게 되어도 제가 그만두겠습니다. 수업시간에 수업 태도가 나쁘면 수업 중 복도에 내보내고 나란히 앉게 하십시오. 매 시간 제가 순회하며 학생들을 만나겠습니다."

어느 날 학생 일곱 명 정도가 복도에 나란히 앉아 있었다. 내가 지나가니 자세를 바로 했다. 나는 조용히 앉아 한 명 한 명 똑바로 쳐다보며 말했다.

"내가 열다섯 살 6·25 전쟁 당시 혼자 38선을 넘었다. 지금 내 소원은 통일이 되어 굶고 사는 북한을 살려주는 것이다. 나는 죽을 때가 다 되었다. 내 세대는 끝났다. 이 행복한 대한민국 학생, 너희들. 지금 뭐 하고 있냐? 너희는 앞으로 북한 국민을 살려야 할 책임이 있어!"

나는 더 이상 눈물이 나와 말을 이을 수가 없었다. 그 어린것들에게 너무 어마어마한 부탁을 하며 우니 얼마나 놀랐겠는가……. 아이들은 함께 울며 "교감선생님, 잘못했어요. 용서해 주세요. 다시는 말썽을 부리지 않겠습니다"고 했다. 또 어떤 아이는 "공부 열심히 하겠습니다. 선생님 말씀 잘 듣겠습니다"고도 했다. 내가 "믿어도 되냐?" 하니, 모두 "예!"라고 대답했다. 수업 끝날 때까지 학생들과 조용히 이야기를 나누었다.

복도에서 가끔 그 아이들을 만나면 "선생님!" 하며 내 앞으로 온다. 나는 "악수!" 하면서 반가워 손을 내밀었다. 그 반 담임선생님이 나에게 "무슨 말씀을 하셨기에 그 아이들이 달라졌어요?" 하고 물었다. 내가 "학생들에게 물어보세요" 하니까 선생님은 "제가 아이들에게 물으니 대답을 안 해요" 하는 것이었다. "나도 대답 못하겠는데요" 하며 웃었다. 또 복도에서 벌서는 학생들이 있었다. 나는 이제 통일 이야기는 다시 안 했다. 벌 서는 이유에 대해서도 묻지 않았다. 다만 아이들이 무슨 생각을 하는지가 궁금해서 아이들 입을 열게 했다.

어느 선생님 한분이 나에게 그 통일 이야기가 점점 학교 내에 퍼지고 북한에서 혼자 넘어오신 교감선생님이라고 소문이 났다고 했다. 선생님들이 내게 "학생들이 교감선생님께 많이 맞아도 학부모님의 항의가 없는 그 비결이 뭐예요?"라고 물었다. 나는 "비결은 없어요. 선생님이 오죽하면 너희를 교감보고 때리라고 했겠냐? 그 말밖에 안 해요."

예전에는 학생들에게 "너, 몇 대 맞고 싶니?" 이렇게 물어보면 몇 년 전만 해도 "세 대요" 또는 "다섯 대요" 했다. 그런데 요즘 아이들은 "선생님 마음대로 하세요! 전 잘못한 것 없어요" 라고 답한다. 나는 그럼 "너희 선생님이 잘못했구나! 교감인 내가 선생님을 잘못 가르쳤으니 네가 나를 때려라"라고 말한다. 그러면 그제서야 "아니에요, 제가 잘못했어요! 교감 선생님 저를 때려 주세요!"라고 한다. 그러면 나는 힘을 다해 한 대만 때렸다. 어떤 때는 선생님이 안 계신 상담실에서 상담히며 때에 따라 때리기도 했다.

선생님들은 학생들을 교무실로 보내지 않았다. 앞으로의 학생들은 아마 "예! 교감도 믿을 수 없습니다. 내가 교감을 때리겠습니다." 이렇게 대답하지 않을까……. 내가 은퇴하고 후배 선생님들에게 들은 이야기는 핸드폰으로 촬영해서 고발하면 경찰이 오고 학부모가 교사 뺨을 때리고…….

나는 1993년도부터 99년도까지 교감으로 근무했다. 그 당시는 일

년에 4분기 수업료를 내야 했다. 1분기 수업료가 4만 원이다. 1년 밀리면 제적이었다.

하루는 개척교회 목사 사모님이 학교에 찾아왔다.

"이 학교 다니는 1학년 여학생 중에 생활고로 아버지는 가출하고, 어머니는 정신병환자이며, 오빠는 고1 중퇴 후 아르바이트(주유소)해서 먹고 사는 아이가 있습니다"고 하며, "입학금은 목사님이 주셨지만 앞으로 이 학생을 좀 부탁합니다"라고 말씀하시고 가셨다. 학년별 1등을 한 학생에게 주는 장학금은 책정되어 있지만 큰일이었다.

나는 생각다 못해 내가 몸담고 있는 서대문구 봉원교회 20여 명 되는 노년 여전도회에 사정을 이야기했다. 뜻밖에 6명의 학생을 후원하겠다고 했다. 권사님 한 분은 3명의 학생을 맡았다. 교회에서의 모금은 단 한 번(6명)으로 끝났다. 그러나 놀라운 일은 1회에 끝나는 일도 있었지만 3년을 지속적으로 장학금을 주신 권사님도 계셨다.

그 다음부터 각 담임교사들이 미납자를 말없이 돌보고 있었다.

봉원교회는 학교에 거룩한 씨를 뿌렸습니다, 주님 감사합니다.

그 일은 지금도 잊을 수가 없다. 선생님들은 "이런 일은 처음이에요. 담임인 우리도 못하는 일인데, 알지도 못하는 학생들을 후원하니 놀랐습니다"라고 말했다.

또 항상 학교마다 중3 학생들이 졸업을 앞두고 12월이 되면 진도 끝난 후의 학습이 지루하다고 했다. 나는 우리 교회 김성현 장로님께 학교의 고충을 말씀드리며 공장 방문을 부탁했다. 장로님은 한상준 집사(사장)님께 의논하셔서 3학년 8개 반이 8개 공장을 견학할 수 있도록 추천하고, 회사 버스, 점심까지 제공하겠다고 했다. 학교에서 이 소식을 듣고 깜짝 놀랐다.

그 행사는 질서 있게 진행됐다. 학생 소감문을 보면 '점심 너무 잘 차려 주셨다' '사장님이 직접 설명해 주셨다' '선물도 주시고 공장 직원들과 배구시합도 했다' '이런 멋진 중소기업을 관람할 수 있도록 해 주신 사장님께 감사드린다' '냉장고가 이렇게 만들어지는 것을 직접 보게 해 주셔서 감사합니다' 는 등 아주 재미있었다고 했다.

선생님들은 추천해 주신 사장님을 뵙고 싶다고 하셨다. 나는 이원태 목사님께 말씀드렸다. 강당이 없는 학교라 목사님은 교회에서 할 수 있도록 배려해 주셔서 김성현 장로님을 초청해 학생, 교사 400여 명이 교회 1층 2층을 꽉 채웠다. 장로님은 지나온 삶을 아주 재미있게 말씀하여 많은 감동을 주었다. 선생님들은 1년에 한 번이라도 항상 이런 강의를 청강할 기회가 주어지기를 바란다고 했다.

지금은 고등학교도 의무교육을 할 계획인 것 같다. 대한민국은 많이 발전하고 있다. 나의 희망은 지은 지 30년 이상 노후한 초, 중, 고의 건물이 100% 현대식 멋진 건물로 새로 건립되는 기적을 보는 것이다.

1년 근무하고 나는 다른 학교로 발령받았다. 한 달쯤 지났을까, 하루는 학교 인근에 있는 교회 목사님이 교감을 찾았다. 내용인즉 학교 학생 중에 도둑이 있다는 것이었다.

"도둑이라니요?"

"어제(일요일) 교회 헌금함에 헌금이 없어졌습니다. 우리 교회는 출입구에 헌금함이 놓여 있어 교회에 들어갈 때 헌금을 넣으니 그 속에 돈이 많습니다. 우리 교회 신자의 아들이 지금 주목을 받고 있습니다.

월요일이라 그 학생이 학교에 와 있을 것이니 만나서 조사를 좀 해야 하겠습니다."

나는 너무 어이가 없어서 이렇게 말했다.

"목사님! 목사님이 학생 잘못 짚으면 그 아이는 어떻게 되나요? 그 아이 어머니가 교회 신자라고요? 교회에서 해결하십시오."

목사님은 "이건 도둑질인데 학교에서 협조하십시오" 했다.

"못합니다."

목사님은 태도를 바꾸며 "교감선생님, 그러면 어떻게 해야 하는지 말씀해 보세요"라며 부드럽게 나왔다.

나는 목사님에게 "헌금함 자물통을 우리 학교 학생이 뜯었다고 생각하십니까? 혼자 그 어마어마한 일을 했다고 생각하십니까? 또 외부에서 누가 와서 차를 대기시키고 통째로 들고 가서 돈만 빼고 도로 갖다 놓을 수도 있지요."

"아니요 당번이 지키지요."

"어제는 안 지켰나요? 당번이 어제는 없었습니까? 학생 어머니가 교인이신데 목사님이 학교에 오신 것 알고 계십니까?"

"아니요, 몰라요."

"교회 당회에 알리시고 교회에서 해결하십시오. 못 찾으시면 경찰에 신고하십시오. 증거 없이 추측으로 사람 잡지 마십시오."

목사님은 가셨다. 나이가 60은 넘었을 것 같았다. 나와 비슷했다. 나는 목사님에게 학생 이름도 묻지 않았다. 다시는 오시지도 않고 아무 소식이 없었다. 큰 교회 헌금이라 금액이 많을 텐데 찾았을까……. 그 학교는 구산동, 제일 가난한 집이 밀집되어 있는 동리에 있었다.

그 후 또 다른 교회에서 목사님이 찾아오셨다. 교장선생님을 찾으셨다. 나는 교장실로 모셨다.

"교회에서 어려운 학생들 수업료로 써 주십시오."

거금을 내놓으셨다. 서무과에서도 놀랐다.

"우리 교장선생님은 기독교인이 아니라 교회가 학교에 관심 갖는 것은 처음입니다. 신도님들의 자녀도 돕고 계실 텐데 믿지 않는 학생에게도 베풀어 주셔서 감사합니다."

목사님은 시무하는 교회가 아주 작은 교회라고 하시며 장학금도 얼마 되지 않는다고 겸손하게 말씀하셨다. 교장선생님은 곧 은퇴하실 나이신데도 40대 젊은 목사님에게 허리를 많이 굽히시고 감사하다고 인사드렸다.

가난한 학생의 수업료를 내주면 학생들의 성적도 향상된다. 절대로 다른 학생에게 발표하지 않고 직접 서무과에서 처리하고 가정에 통보한다. 1등의 장학생만 아침 조회 시 전교생 앞에서 시상한다. 가난한 아이들은 부끄러워하며 상처를 많이 받는다. 우리 학교는 거의 반 정도가 학원을 다녔다. 학생 상담 중 이혼 가정의 아이들 상담이 가장 어려웠다. 입을 열지 않고 창피하다며 사세한 내용을 말하기를 피하기 때문이다.

나는 교무실 칠판에 출석 상황을 보고 출석부를 보니 한 학생이 계속 3일째 결석이었다. 나는 담임을 불러 이유를 물었다.

"그 집은 원래 전화가 없습니다."

"가정방문을 하셔야죠. 촌지 문제로 가정방문을 금지했어도 이런 상황에서는 해야 합니다."

"아버지가 무직자라 집에 있어요. 무서워서 갈 수가 없어요."

젊은 여선생님이니 이해가 갔다. 수업 끝나고 담임과 함께 집을 방문했다. 학생 아버지는 몸이 아파 집에 있었고, 수업료가 밀려 학생도 집에 있다고 했다. 내가 말했다. "수업료는 염려하시지 말고 아들을 학교에 보내 주세요." 학생 아버지는 열심히 등교할 것을 약속했다. 다음날 복도에서 그 학생을 만났다. 나는 작은 소리로 "어제 어머니는 안 보였는데?' 학생은 "가출했어요." "힘내!'

우리 학교 교장선생님은 65세로 정년퇴임했고 나부터 62세로 정년이 개정됐다. 나는 그해 62세로 은퇴하게 되어 너무 섭섭했다. 60세에 교장 자격연수를 240시간 받고 자격증까지 있는데 발령이 나지 않았다. 공문에는 1999년 서인선 교장 퇴임이라 했다.

그 학교는 20년 이상 된 4층 건물, 1층에서 4층까지 금간 곳이 많고 마루가 썩어, 뜯고 보니 교실마다 바닥 슬라브가 금이 갔다. 교육청에서 보낸 공사 담당자는 금이 간 곳만 수리했다. 학교 전체 외벽, 교실 바닥, 복도 등 여름방학을 이용하여 금 간 곳을 메우는 작업만 했다. 너무 낙후된 학교였고 내가 근무한 학교라 11년이 지난 지금도 어떤 모습일까 궁금하다. 그러나 새로 지었다는 소식은 듣지 못했다.

그래도 그 학교는 강당이 있어서 전교생은 들어가지 못하지만 학년별로 예술제, 교내 합창대회, 그림 전시회, 바자회 등 갖가지 다양한 행사로 즐거운 시간을 보냈다.

앞서 근무한 학교에서는 강당이 없어 교내 합창대회를 할 때마다 인근 대학교 강당에 직접 가서 교섭해야 했다. 연세대 100주년 기념관, 숭실대, 중앙대, 이화여대에서 허락해 주셨다. 너무 감사했다. 학부모는 초청하지 않았지만 자녀 이야기를 듣고 오신 학부모도 계셨다.

내가 교사로 직장생활을 하고, 4대가 한집에 살면서 시부모님이 가난 속에서 우리 아이들 삼남매를 사랑으로 길러 주어 가정에서의 교육이 무엇인지를 알게 해 주었다. 평안북도 구성에서 농사하시다 해방 후에 월남하셔서 우리 가족과 부산 피란시절에 한 교회에서 만났다. 시부모님은 북한에서 서당을 조금 다니신 것밖에 없다고 하셨다.

시부모님은 항상 성경을 보시며 중요한 부분은 적으시며 잘 사는 길은 하나님 말씀대로 사는 것밖에 없다고 하시면서, 조용하고 말씀이 별로 없으시고 손자 손녀를 야단치는 일도 별로 없으셨다. 내가 야단치면 "아이들은 입으로 가르치는 것 아니다. 네 일만 잘하면 보고 배우는 것이다." 지금도 그 말씀이 내 머리에 생생하다. 시아버지는 한문 성경뿐 아니라 아들 책꽂이에서 단테Dante의 『신곡』이나 야스퍼스Jaspers와 키에르케골Kierkegaard 등의 철학서적을 읽고 감상문도 쓰셨다.

시부모님은 북한에서 너무 가정이 어려워 학교를 못 다닌 것이 한이 되신다며 평생 책을 놓지 않으셔서 어려운 책까지도 읽을 수 있는 수준이 된 것이다. 아이들을 할머니, 할아버지가 몸으로 가르치며 돌보아 주셔서 내가 학교에 충실할 수 있었다. 할아버지가 돌아가신 후 남편은 많은 글을 남기신 것을 보고 할아버지의 유고집을 냈다. 유고집은 『더린 개 사람 이야기』이다. 더린 개는 평안북도 구성의 동리 이름이다. 2000년 11월 22일 발행했다. 항상 시아버지의 소원은 손자, 손녀 3명 모두가 박사까지 되는 것을 보고 죽는 것이었다. 오래 못 살면 큰손자라도 박사가 되는 걸 보고 싶다고 하셨는데 지훈이가 독일에서 박사과정을 이수하기 전에 돌아가셨다. 할아버지는 연세대학에서 기계공학을 전공한 지훈이가 졸업하고 장신대 대학원까지 이수하고 목사고시에 합격한 것을 항상 자랑스러워 하셨다. 목사 안수를 받고나니 '지훈아!'가 아니라 "목사야! 이것 좀 봐라. 영어다. 무슨 말이냐?" 하시면서 좋아하셨다.

지훈이가 네 살 때 갑자기 디프테리아에 걸려 죽는 줄 알았다. 나는 "살려주세요, 하나님. 이 아이를 목사로 키우겠습니다"라며 기도했다. 시부모님은 "걱정 마라 하나님의 뜻이 있으면 살려주시는 것도 하나님이요 죽는 것도 하나님 뜻이다. 의사를 통하여 기적이 있을 것이다"며 나를 위로해 주셨다. 지훈이는 서울대병원에서 살아났다. 돌아가시기 전 시아버님은 지훈이만 찾았다. 눈을 못 감으셨다. 1994년 11월 26일, 시아버님은 지훈이를 보지 못하고 하늘나라로 가셨다. 지훈이는 그 후 학위를 받고 지금 광주 호남신학교 교수로 근무하고 있다. 박사 만드느라 혜숙(며느리)이가 고생한다며 시아버님은 눈을 감지 못하셨다. 손녀딸 지순이는 세종대 음대를 졸업하고 독일에서 음악공부를 더 한다고 독일 프랑크푸르트로 갔다. 시아버님은 "지순아 보고 싶다. 못 보고 죽는구나"라며 운명하실 때 손녀를 찾으셨다. 지순이는 독일에서 삼남매의 어머니가 되었다.

1973년 7월. 수업 중 하혈 기미가 보여 119 차로 병원에 실려 갔다. 막내 지영이가 태어난 것이다. 지영이는 9개월 만에 태어났다. 미숙아여서 인큐베이터에 넣고 나는 3일 만에 먼저 퇴원했다. 불안했다. 연락이 왔다. 아기가 황달에 걸려 위험하다며 나오라 했다. 전신의 피를 바꾸어야 하는데 한 천만 원이 든다고 했다. 나는 피를 넣을 것을 약속하고 각서를 썼다. 죽을지도 모른다는 것이다. 집으로 돌아왔다. 집이 없어져도 아기는 살려야 한다. "하나님, 살려주세요. 이 아이를 목사 만들어 하나님께 바치겠습니다." 이상하게 우리 아이들은 어려서 큰 병을 앓았다. 내 생각에 하나님은 우리 가정에서 꼭 목사가 나와야 한다고 생각하시는 것 같았다.

시아버지도 손자 중에 한 명이라도 목사가 되어야 한다고 생각하셨다. 그래서인지 목사로 키우겠다고 하나님께 기도하면 틀림없이 들어주실 것 같은 믿음이 생겼다. 아기를 지키고 싶었다. 나는 기도했다.

그렇게 일주일이 지났다. 세브란스 병원에서 연락이 왔다. "점점 호전되고 있어 수혈을 연기했습니다. 일주일만 더 지켜보겠습니다. 전신 모두 수혈은 안 하게 될지도 모릅니다." 나는 감사기도를 했다. 감사와 함께 다시 걱정이 되었다. 당시에 살던 집을 3백 50만 원에 사서 시부님과 함께 살고 있었는데 병원비를 어떻게 낼 것인가. 나는 우선 집을 팔기로 하고 내놓았다. 그 나머지는 또 누구에게 가서 꾸어야 하나. 그동안 세 살며 빚을 모두 갚았는데 또 어떻게 사나 하는 걱정이 들었다.

아버님, 어머님은 항상 기도하시며 기다렸다. 한 달 동안 병원에 갔다. 아기는 태어날 때 2.3kg이었는데 한 달 후는 2.0kg이다. "한 달만 더 있으면 건강해지니 더 기다리십시오" 하는 말에 "아니요. 그냥 퇴원 하겠습니다" 하며 입원비 백만 원을 내고 나왔다.

그 지영이가 커서 연세대 신과대학을 2등으로 합격해 첫 등록금을 면제받고 하나님께 기도한 대로 이루어진다고 생각했다. 군대를 제대하고 대학원을 인지공학 전공으로 입학시험에 합격했다. 전공은 본인이 정하는 것이지만 죽을 고비에서 하나님께 간곡히 기도한 것이라 나는 당황했다. "하나님! 하나님 뜻에 맡깁니다. 하나님과의 약속을 지키지 못했습니다. 용서하여 주십시오."

"어머니 너무 섭섭하게 생각하지 마세요. 내가 신학을 했기 때문에 직장에서도 다른 종교와 기독교의 신앙 문제, 친구들의 질문 등에 대답할 수 있어 좋네요. 다른 길로도 하나님의 말씀을 전할 수 있잖아요" 하는 아들의 말에 감사했다. 교회에 충실하고 중고등부 교사로 활동하고 있어 하나님께 감사한다. 죽을 고비를 넘긴 이 아이가 지금 연세대에서 박사학위 받고 LG에서 근무하며 남매 유나, 윤걸이 잘 자라고 며느리 김수진도 교회에 열심히 봉사하고 있다.

내가 순교자의 딸이라며 너무 좋아하시던 시부모님, 아들 군대 가기 전에 빈손으로 시집 와도 좋으니 결혼을 빨리하라고 재촉하신 시부모님, 특별히 사랑해 주시고 아껴주시며 친부모 이상으로 감싸 주시고 사랑해 주신 시부모님, 정말 감사합니다. 아버님은 나의 돌아가신 아버지의 사랑까지 저에게 베풀어 주셨습니다.

시아버님은 "통일이 되는 것을 보고 죽으려고 했는데 나라가 이렇게 부패하고 싸움만 하고 정말 희망이 없구나!' 하시며 깊은 한숨을 내쉬곤 하셨다. 지금 살아 계시면 100세다. 나도 똑같은 말을 하며 죽을 것이다. 대한민국 국민 모두가 염원하지만 통일도 못 하고, 6·25 세대가 이 세상에 존재하지 않을 때의 대한민국은 정말 염려된다. 북한을 살려야 한다.

지금 우리 가족은 남편은 문학박사, 큰아들은 신학박사, 작은 아들은 공학박사이다. 시아버지가 조금만 더 살았으면 얼마나 기뻐하셨을까…….

평생 가난하게 4대가 한집에 살며 공부할 수 있었다는 것은 서로 위하고 염려하고 사랑으로 하나가 되었기에 하나님의 축복이 임하셨다고 믿는다.

우리 가정은 친정아버지와 시아버지의 뜻이 이루어지도록 우리 모두 청렴하고 당당하게 지기 일에 충실할 것을 믿는다.

주말에 가끔 온 가족이 우리 집으로 모인다. 보수와 진보가 만나 열띤 토론이 벌어진다. 대학생인 동국대 3학년 손자까지 참여한다. "할머니, 투표할 때 누구 찍으라고 강요하지 마세요!' 주제도 4대강, 세종시 수정안, 북한 문제, 종교 문제 등 다양하다. 모두 보수라면 흥미가 없을 텐데 자녀들은 모두 진보다. 언성이 높아질 때는 보수가 억누른다. 부모는 보수다. 야단도 친다. 자식이 어른이 되니 이래도 저래도 대견하기만 하다.

월드컵 응원하러 우리 집에 모였다. 유나, 윤걸이가 할머니, 할아버지가 쓸쓸할까 걱정하여 아이들 성화에 몰려왔다. TV에서 환호하는 응원 물결을 보며 나는 통일의 물결로 착각한다. "하나님 서 불설의 막강한 힘이 평화 통일의 함성으로 굶주림에 허덕이는 북한 동포를 사랑하는, 아니 살려주는 힘으로 승화시켜 주옵소서." 나는 기도했다. 천안함 사건으로 응어리가 아직 풀리지 않고 곪은 상태에서 북한을 열심히 응원했는데 북한이 패배하니 눈물이 나오고 너무 가슴이 아팠다. 통일되면 자식들은 북한에 가서 일하고 싶다고 한다. 그래서 더 사랑스럽다. 정말 죽기 전에 기차 타고 고향에 가고 싶다. 거기서 묻히고 싶다. 아버지 무덤 옆에서 영원히 자고 싶다.

 나는 북한 국민들의 80%는 남조선 하늘을 처다보며 그리워하리라 생각한다. 6·25동란의 피란민을 보라. 남한에선 상상을 못했을 것이다. 늦게 월남하다가 도로 북한으로 끌려간 피란민은 셀 수 없이 많았다. 또 돈이 없어 남한을 포기한 사람도 주위에 많았다. 6·25동란 60년 세월이 흘렀다. 전쟁은 사라져야 한다. 통일은 대한민국의 평화가 이루어 내야 한다. 우리 기독교인은 통일 대열의 선두에 서야 한다. 우리는 목숨 걸고 대한민국으로 왔다. 그리고 지금 모두 봉원교회로 모였다. 순교의 숨결이 우리 가정뿐 아니라 교회의 숨결로 풍성한 열매를 맺으며 나라를 살리는 숨결로 이어지는 하나님의 역사가 이루어지기를 기도한다.

아버지!

       2010년 7월 1일. 꿈에서 아버지를 만났습니다.

 아버지, 우리 식구 5남매 중 인민군에 끌려간 작은 오빠만 못 찾고 사남매가 대한민국에 가정을 이루고 봉원교회를 섬기고 있습니다.

 어머니는 아버지의 간절한 소원, 믿음으로 우리를 보살펴 주셨습니다.

 아버지, 제가 열다섯 살 때 저에게 하신 말씀, "내가 많은 교인을 두고 내 가족만 이끌고 월남할 수 없다. 나는 가슴이 미어지지만 너희를 두고 아무래도 감옥으로 갈 것 같다. 점점 많아지는 교인을, 힘들게 사는 불쌍한 사람들, 어떻게 헤어져 나만 살자고 월남하겠냐." 어려서부터 가정 예배를 꼭 보시던 아버지. 그날따라 나만 앉혀 놓고 내손을 잡으며 "오빠 둘 모두 아무리 숨어 있어도 인민군에 끌려갈 것이다. 그러면 어머니가 너와 네 동생들과 함께 남한에 갈 것이다. 죽음을 각오하고 월남해라. 내가 끌려가면 가족 모두 죽일 것이다. 꼭 해내야 한다. 네가 약하게 마음먹으면 모두 죽는다."

"예! 아버지!" 나는 큰소리로 울었습니다.

"네가 사는 것이 아버지를 살리는 거다. 남한에 가서 좋은 남편 만나서 아들딸 낳고 잘 키우는 것이 내가 사는 길이다."

그때 나는 어려서 그것이 무슨 말씀인지 이해를 못 했습니다. 아버지가 다시 살아오다니⋯⋯. "아버지! 몰라요. 빨리 숨어요. 정말 숨어야 해요. 죽었는데 다시 살아오신다는 것이 무슨 말씀이세요?"

아버지의 그 옛날 일을 생각하니 눈물이 나서 지금 더 이상 이 글을 쓸 수가 없습니다. 그리고 컴퓨터에 엎드려 울었습니다. 새벽 두 시 반. 나는 침대에 누웠습니다. 그리고 잠이 들었습니다. 생전 볼 수 없었던 아버지. 마흔여섯 살에 순교하신 젊은 아버지가 놀아오셨습니다. 아버지가 꿈에 나타나신 거지요. 꿈 속에 아버지를 만난 것은 이번이 처음입니다. 아버지는 나를 쳐다보셨습니다. 나도 아버지를 보았습니다.

저는 지금 일흔다섯 살에 이 글을 쓰고 있습니다. 아버지가 순교하신 지 60년. 그렇게 오랜 세월 동안 한 번도 꿈에서 보지 못했는데 너무 신기했습니다. 아무 말씀도 안 하신 아버지. 저도 아버지라고 부르지도 못하고 잠에서 깼습니다. 아직 새벽이었습니다.

아버지가 저를 안고 우시면서 다시 살아오신다는 것을 이해하지 못하는 저에게,

> 두려워 말라 내가 너와 함께 함이라
> 놀라지 말라 나는 네 하나님이 됨이라
> 내가 너를 굳세게 하리라
> 내가 너를 도와주리라
> 참으로 나의 의로운 오른손으로
> 너를 붙들리라
>
> — 이사야 41장 10절

이 말씀으로 위로해 주신 것이 아버지와 저의 마지막 만남이었습니다.

1950년 7월. 갑자기 들이닥친 내무서원에게 묶여 끌려가시며 눈으로 말씀하신 마지막 모습 "인선아 힘내라!" 저는 아버지가 보고 싶으면 이 말씀으로 위로를 받고 용기를 냈습니다.

또 외롭고 힘들 때 병으로 고생할 때, 용기가 없을 때 이 말씀으로 하나님께 매달렸습니다. 그리고 교회가 있어 저는 살 수 있었습니다. 영주교회와 봉원교회는 제가 살아가는 데 힘이 되었던, 저에게 새로운 생명을 갖게 해 준 곳이었습니다.

영주교회에서는 평양에서 아버지의 친구 목사님이신 계창주 목사님이 계셔서 제가 학업을 계속할 수 있도록 장학금을 주셨고, 봉원교

회 이원태 목사님은 죽음의 고비에 선 저를 기도로 살리셨습니다.

어머니!

어머니! 아기에서 어른이 될 때까지 믿음으로 우리를 키워 주신 어머니. 어머니는 평생 우리 삼남매를 눈물로 키우셨습니다.

맏아들인 오빠는 후창 살 때는 강계기숙사, 용악리에서 평양, 부산 피란 때는 해군 복무, 우리가 서울에 왔을 때는 미국 유학으로 부모 없이 혼자 성공을 했습니다. 하지만 한국에 오셔서는 우리가 모시고 살아야 할 어머니를 오빠가 직접 모셨습니다. 올케(함선영 교수)를 잘 만나 올케가 수원 서둔교회 전도사로 은퇴하신 어머니를 힘들게 간호하며 모셨습니다.

어머니는 항상 정실이 진실이 모두 공부 1등 했다며 저에게 자랑하셨습니다. 지금 어머니가 사랑하는 정실과 아내 정은경, 진실이, 경실이 신랑 김유식이는 하나님이 주신 재능으로 사회에 봉사하며 즐거운 생활로 행복하게 살고 있습니다. 힘찬 음악으로 희망의 소리가 메아리친답니다. '세계 평화로!'라고……. 지금 듣는 이 연주는 어머니와 함께 듣고 있는 것 같습니다.

오빠의 둘째 며느리 임정하는 교회 중고등부 교사로 봉사하고 있습니다. 증손자 손녀 모두 잘 자라고 있습니다.

어머니는 식구를 보며 살다가 죽고 싶다며 봉원교회로 저희들을 불러 주셨습니다. 항상 형제간에 의좋게 지내라고 당부하셨습니다. 철선이, 만선이 아이들 모두 커서 시집 장가가서 은실이, 혜실이, 현실이 모두 어머니의 손자 손녀들과 행복하게 살고 있습니다. 이번 해에는 은실이 신랑 김경래가 안수집사가 되었습니다. 장모 김춘자 전도사님의 기도입니다. 어머니가 계시면 좋으셔서 환히 웃으시는 모습을 볼 텐데 어머니 보고 싶어요.

어머니, 혜실이 신랑 한상렬과 현실이 신랑 염시용은 주님 안에서 아들딸 낳고 행복하게 잘살고 있습니다. 하나님께서 더 크신 축복을 주실 것을 믿습니다. 만선이 딸 경실이 시집 잘 갔고 전체 중에 막내 훈실이가 꼭 아버지 닮았어요. 안경을 끼니 똑 같아요. 아니 아버지보다 더 잘생겼어요. 어머니가 길러 주신 사남매가 그립던 대한민국에 와서 41명의 가족이 되었습니다.

1955년 1월 1일 저희가 모두 모인 자리에서 어머니께서 하신 말씀.

첫째 예수 잘 믿어라.

둘째 예수 잘 믿어라.

셋째 예수 잘 믿어라.

그날부터 한 말씀도 안 하시고 돌아가셨습니다. 그것이 마지막 유언이셨습니다. 1995년 1월 11일 새벽 3시 30분 하늘나라로 가셨습니다.

어머니! 어머니는 최선을 다하여 네 자녀 모두를 기도로 키우셨습니다. 지금도 아버지, 어머니께서는 저희 곁에 살아 계십니다.

내가 어렸을 때 아버지의 말씀이 지금은 무슨 뜻인지 압니다.

아버지! 언제까지나 저희 마음에 살아 계셔서 저희들과 함께 통일을 노래하며 기차 타고 함께 고향으로 갈 수 있는 날을 기다리며 펜을 놓겠습니다.

비록 무화과 나무가 무성하지 못하며
포도나무에 열매가 없으며
감남나무에 소출이 없으며
밭에 먹을 것이 없으며
우리에 양이 없으며
외양간에 소가 없을지라도

나는 여호와로 말미암아 즐거워하며

구원의 하나님으로 말미암아 기뻐하리로다

— 하박국 3장 17절

아버지 없이 신앙으로 살아온
아들의 편지

서철선

□ **삼남 서철선(徐鐵善)**

1938년 평북 만포진에서 출생. 숭실대학교 중퇴. 한국장로교복지재단 애란원 직원. 예수교장로회 봉원교회 집사.

□ **가족관계**

서철선과 김춘자(예수교장로회 마포교회 전도사) 사이에 세 딸이 있다.
장녀 서은실(은평재활원 사무국장)과 사위 김경래(도예가)의 슬하에 장녀 김지은, 차녀 김지예가 있고, 차녀 서혜실(문화체육관광부)과 사위 한상렬(한국예술종합학교)의 슬하에 장녀 한나경, 장남 한호균이 있으며, 삼녀 서현실(용산구립어린이집 교사)과 사위 염시용(개인사업)의 슬하에 장녀 염정은, 차녀 염정원이 있다.

사랑하는 아버지,

제가 13살 때, 아버지께서는 46세라는 젊은 연세였고 6·25 전쟁이 북에서 터뜨린 지 어언 60년이 됩니다. 여섯 번 강산이 변한다는 60년이란 세월이 흘렀습니다. 60년 전의 고귀한 순교를 기념하기 위하여 추모의 글을 올립니다.

일본 순사에게 뺨을 맞으며 아버지의 안경이 떨어져 깨지는 것을 보았습니다. 저는 어렸을 때라 아버지가 왜 일본 순사에게 매를 맞는지 그 이유를 몰랐습니다. 만주에서 보았던 것 같습니다. 해방 직전에 일본군들이 발악을 하던 때인 것 같습니다. 저희 식구들은 방공호 안에 앉아 있었고, 아버지와 형님이 사이렌 소리를 들으며 나무 총대를 메고 나가시고, 나머지 식구는 어머니께서 쑤어 주신 팥죽을 먹으며 앉아 있던 기억이 납니다. 그리고 만주에서 저희 집이 불이 났는데, 말 탄 순사들이 집 앞을 지나가던 생각도 떠오릅니다.

□ 서용문 목사

저는 어려서 잘 몰랐지만, 제가 다섯 살 때로 기억합니다. 만주에서 큰 다다미방에 교인들을 모아 놓고 새어머니를 맞이하는 자리였던 것 같습니다. 새어머니가 제 동생 만선이를 안아 주려고 하니까, "앙!" 하고 울음을 터뜨리던 장면이 떠오릅니다. 인민학교 1학년이었던가요, 중국 아이들하고 병정놀이를 하면서 활 쏘는 놀이였는데, 중국 아이 잔등에 활이 꽂히는 것을 보고 무서워서 마구 도망가던 기억이 납니다.

해방된 이후 북한으로 돌아온 기억은 나지만, 어느 마을에서 살았는지 기억이 희미합니다. 그러나 얼마 후 후창이라는 깊은 산속 동네에 살게 되었을 때 일이었습니다. 아버지는 동생 만선이와 저를 어느 장로님 댁에 심부름을 보내셨습니다. 그 장로님 댁은 조그마한 구멍가게를 하고 있었습니다. 심부름을 마치고 보니 그 구멍가게 바닥에 명태 말린 것이 떨어져 있어서 장로님 허락도 없이 마구 주워 먹었습니다. 그리고 손에 들고 오는 길에도 맛있게 먹으며 돌아왔습니다. 엄하디 엄하신 아버지 생각은 까마득히 잊고 집에 도착할 때까지 우리 손엔 그 명태가 쥐어져 있었습니다.

아버지의 눈이 번쩍였습니다. "니희들 그게 나 무엇이냐?" 불호령이 떨어졌습니다. 우린 솔직하게 그대로 말씀드렸습니다. 아버지께서는 바닥에 떨어진 물건이라도 그 집 것이니 도둑질한 것이나 마찬가지라면서 벌을 받아야 한다고 하셨습니다. 이 매는 아버지가 드는 매가 아니고 하나님께서 드시는 매이니 "철선이는 몇 대를 맞겠니?" 하시기에 제 어린 생각에 열 대를 맞겠다고 했습니다. "만선이는 몇 대를 맞겠느냐"고 하시니까 한 대만 맞겠다고 했습니다. 그랬더니 아버지께서는 저에게 10대를 때리시고, 동생 만선이에게는 한 대만 내리 치셨습니다. 저는 무엇이 억울했던지 울음을 터뜨렸고 부엌에 계신 어머니를 붙들고 많이도 울었습니다. 지금 와서 가만히 생각해 보면 동생이 그러는 것을 말리지 못한 형의 죄과로 생각합니다. 돌이켜 보면 요셉이 애굽에서 총리가 된 과정을 생각하게 됩니다.

후창에서인지 운송에서인지 잘 기억이 나지는 않지만, 3미터 이상 눈이 내려서 동생 만선이와 눈 터널을 만들고 그 속에 들어가 놀다가 그만 짚신 한 짝을 잃어버리고 엉엉 울면서 집으로 돌아와 아버지께 회초리를 맞았던 기억이 납니다.

늘 엄하신 아버지셨지만 아버지는 뒷짐을 지시고 걸으며 찬송을 부르시면 저와 만선이는 아버지처럼 뒷짐을 지고 아버지 뒤를 따라 돌면서 "예수 더 알기 원하네, 크고도 넓은 은혜라"를 따라 불렀습니다. 아버지는 목사님인데도 찬송가를 부르실 때 음정이 없었습니다. 저희는 우스웠지만, 아버지가 찬송 부르시는 흉내를 내면서 아버지 뒤를 따라다녔습니다. 아버지는 늘 나라와 양 떼를 사랑하시고 평화를 갈망하시느라 웃으시는 모습이 별로 없으셨지만, 그럴 때는 이 세상에서 가장 자상하신 아버지였습니다.

아버지가 평양 대타령에 있던 보령교회에서 시무하실 때였습니다. 주일만 되면 아이들이 교회에 못 나가도록 하기 위해서 학교로 나오라고 하던 때였습니다. 아버지는 "거룩한 주일을 지켜야지" 하시면서 학교에 나가지 말고 주일학교에 나가라고 하셨습니다. 한 번도 굴하지 않으시고 학교에 보내지 않으셨습니다. 월요일에 학교에 등교하면 선생님은 마구 때리면서 "하나님이 있으면 보여달라"는 것이었습니다. 그리고 일요일에 등교하지 않았다고 교실 청소를 억지로 하기도 했습니다. 학교에서 공부하던 기억은 하나도 없고 종교를 압박받던 기억만 남아 있습니다. 하나님을 보여줄 수 있는 지혜가 있었다면 얼마나 좋았을까요. 지금 같았으면 "보고 믿는 것보다 보지 않고 믿는 것이 더욱 하나님을 가까이 하는 것이"라고 말했을 것입니다.

아버지께서 대동강 건너 평양 남쪽의 장포동교회로 옮겨 왔습니다. 그때 아버지가 설교하시던 모습을 아직도 생생하게 기억합니다. 어떤 설교인지는 기억이 나지 않습니다. 그러나 그 우렁찬 음성으로 강대상을 왔다 갔다 하시며 열정적으로 말씀하시던 모습을 보며 나도 이다음에 자라서 설교 잘하는 목사님이 되어 존경받는 어른이 되어야지 마음먹곤 했습니다. 그것만이 아니었습니다. 큰형님의 아동 설교는 제가 자라서 많이 흉내도 내 보았습니다.

6·25 전쟁이 터지자, 큰형님과 작은형이 보안서원의 눈을 피해서 우리 집 마루 밑에 숨어 있던 때였습니다. 저는 왜 숨어 지내는지 이유를 몰랐습니다. 암울한 시대의 산물인지는 몰라도 작은형은 조금 기억이 나도 큰형님하고는 한 집에서 살던 기억이 별로 없습니다. 어느 날 작은형이 보안서원에게 끌려갔다는 얘기만 들었을 뿐, 왜 그렇게 아버지께서는 두 형님을 감추려 하고 낙엽 쌓인 곳에 들어가서서 밤낮 가리지 않고 기도만 하셨는지 잘 몰랐습니다.

철없는 저희는 "김일성 장군 만세"만 외쳤습니다. 그 당시 동네 벽보에는 머리만 크고 몸뚱이는 작게 그린 이승만 대통령의 모습을 그려 놓고 "처부수자"고 크게 쓰여 있는 것을 보면서 "세상에 이런 동물도 다 있구나" 하면서도 무슨 말인지 하나도 이해할 수 없었습니다.

그 당시 평양의 장포동교회 주변을 그리라면 그릴 수 있을 것 같습니다. 교회 건너편 조그만 산에 폭탄이 떨어져 깊은 웅덩이가 생겼고 주변에는 과수원이 있었습니다. 과수원 밭에는 조그마한 방공호가 있었습니다. 공습이 오면 그곳에 숨어 있다가 폭탄이 떨어지면 저흰 뛰쳐나와 먼 산으로 도망치던 기억이 납니다.

장포동에서 아버지를 마지막으로 뵌 것이 교회 사택 바로 옆에 튼튼한 방공호 속에 아버지, 어머니, 누나, 만선이와 나 그리고 어느 교인이 한분 계셨던 때 같습니다. 그때 어느 교인이 찾아와서 아무래도 이상하니 목사님이 먼저 피하시는 게 좋겠습니다. 피할 사람은 모두 피했으니 목사님도 가족을 데리고 떠나시라는 것이었습니다. 아버지는 내가 어떻게 내 한 몸만 피하느냐. 양들을 생각해야지 하시고는 방공호 안으로 들어오시는 것이었습니다.

얼마 되지 않아 보안서원이 방공호 문을 열어젖히고 아버지를 잡아갔습니다. 아버지는 그때 어머니를 돌아보시며, "여보! 내가 나갔다가 돌아오지 못하면 이 아이들을 끝까지 잘 키워 주시요" 하시고 떠나셨습니다. 그렇게 가신 지 벌써 60년이 되었습니다.

제 기억으로 아버지가 잡혀 가신 지 얼마 안 되어 대동강 하류에서 순교하신 아버지의 시신을 찾아서 장례식을 장포동교회 마당에서 거행했습니다. 장례를 치를 때 온 식구들이 모두 눈물을 흘렸는데 유독 저만 눈물을 흘리지 않았습니다. 그 이후 어머니에게 꾸중을 들을 때마다, 아버지 장례식 때 눈물을 흘리지 않은 일을 상기하시면서 "잔놈 따위"란 말로 꼬집기까지 하셨습니다. 저도 왜 그랬는지 잘 모르겠습니다. 그러나 어버이날에 예배드리게 되면 찬송가 579장을 꼭 부르곤 합니다.

1. 어머니의 넓은 사랑 귀하고도 귀하다
   그 사랑이 언제든지 나를 감싸 줍니다
   내가 울 때 어머니는 주께 기도드리고
   내가 기뻐 웃을 때에 찬송 부르십니다
2. 아침저녁 읽으시던 어머니의 성경 책
   손때 남은 구절마다 모습 본 듯합니다
   믿는 자는 누구든지 영생함을 얻으리
   들려주신 귀한 말씀 이제 힘이 됩니다
3. 홀로 누워 괴로울 때 헤매이다 지칠 때
   부르시던 찬송소리 귀에 살아옵니다
   반석에서 샘물 나고 황무지에 꽃 피니
   예수님과 동행하면 두려울 것 없어라
4. 온유하고 겸손하며 올바르게 굳세게
   어머니의 뜻을 받들어 보람 있게 살리라
   풍파 많은 세상에서 신한 싸움 싸우나
   생명 시내 흐르는 곳 길이 함께 살리라

어버이날 주일은 손수건을 꼭 준비해 가지고 갑니다. 다른 교인은 한 사람도 울지 않는데 왜 저만 그렇게도 펑펑 눈물이 쏟아지는지 체면 불구하고 큰 소리로 이 찬송을 부르곤 합니다.

중공군 개입으로 인하여 국군들이 후퇴할 때가 1·4 후퇴였지요.

◻ 1·4 후퇴

순교자 유가족을 태우고 남으로 내려갈 트럭을 만나러 형님이 평양 시내로 들어갔던가요? 그 뒤로 어머님이 둘을 데리고 시내로 들어갔을 때는 모두 떠나고 통행금지 시간이 되었습니다. 다시 장포동으로 돌아왔을 때는 마태 형님네 집으로 기억되는데 깊은 밤에 평양 시내에서 터지는 폭탄 소리에 바깥에 있던 신발이 날라 들어올 지경이었습니다. 그리고 이튿날 아침, 피난길을 떠났습니다.

  어머니는 아버지의 목사 위임식 때 받은 큰 놋그릇에다 성경책들을 담고 저더러 들고가라는 것이었습니다. 그때 후창에서부터 같은 교인이었던 김봉화 집사님 가족과 함께 피난길을 떠났습니다. 하루 종일 해질 때까지 걸으면 100리씩은 걸었던 것 같습니다. 그 놋그릇이 하도 무거워서 만선이와 가위바위보를 해서 진 사람이 100미터씩 가지고 걷기를 했습니다. 지금도 그 이야기만 나오면 식구들이 모두 웃곤 합니다. 새어머니의 딸인 새누나가 해주에 산다고 해서 우리 일행은 해주를 향해 걷고 또 걸었습니다.

저녁이 되면 빈 농가에 들어가 쌀을 뒤져 밥을 지어 먹고, 빈 집에 들어가 자야 할 피난민이 너무 많아 사람들 틈에 끼어 자노라고 새우잠을 자고, 새벽에 일어나서 다시 피난길을 재촉하곤 했습니다. 기나긴 피난민 걸어가는 길에 앞뒤로 미군기가 폭격을 해서 수많은 사람들이 다치거나 죽는 모습을 보았습니다. 모세가 이스라엘 백성을 출애굽할 때의 모습과 흡사한 것 같았습니다. 해주에 도착하여 큰누님을 뵙게 된 것도 처음이고 키가 큰 매부도 알게 되었습니다. 그러나 그것도 잠시였습니다. 인민군들이 벌써 해주까지 왔다는 소식에 저희는 놀랐습니다.

어머니와 김봉화 집사님이 사선을 넘기 위해 인민군이 주둔한 곳을 답사하면서 인민군에게 "우린 남쪽에서 살다가 폭격이 심해서 이곳으로 피신했다가 내일 다시 이곳을 지나 남쪽 고향으로 내려갈 테니 보내 달라"고 부탁했다는 것입니다. 어머니와 김봉화 집사님이 인민군이 주둔한 곳에 도착하여 보내 준다고 해서 어제 왔노라고 하자, 갑자기 인민군이 땅속에서 튀어 오르며 제가 들고 있던 놋그릇을 열어 보리는 깃이었습니다. 얼마나 가슴이 소마조마했던지 그 기억을 무어라 표현할 수 없을 정도였습니다. 그때 그 인민군이 놋그릇을 뒤집었다면 성경도 쏟아져 나왔을 테고 저희는 모두 총살 감이었겠지요. 그 인민군은 놋그릇을 덮어 놓았던 삼천리표 연필들만 보고는 "다시 덮어, 가!" 하는 것이었습니다. 저희 식구들을 통해 하나님의 영광을 드러내시려고 저희 가족을 살려 주신 것입니다. 그때 떨리던 손을 기억합니다. 저희는 두말 없이 앞을 향해 길을 재촉하였습니다.

인민군이 주둔하고 있던 곳과 남쪽 치안대가 있는 곳 중간 정도를 지나칠 때 인민군의 총소리가 들려왔고 남쪽 치안대에서도 총소리가 들려왔습니다.

저희는 논두렁에 몸을 바싹 기대어 조심스럽게 남쪽을 향해 기어갔습니다. 남쪽의 군인들 앞에 가까이 오자 저희 모두가 손을 들고 다가갔습니다. 남쪽 군인들은 조사를 통해서 어머니 손에서 순교자 가족이란 증명을 보고 저희를 믿게 되어 남쪽으로 가라고 했습니다. 숫골이란 동네에 도착했을 때 인민군들은 이미 저희를 앞질러 가고 있었습니다. 저희 일행은 더 이상 가도 인민군을 피해가기 힘들다고 판단하고 거기에 머물기로 했습니다. 그곳에서의 1년 동안의 생활은 완전히 머슴살이였습니다. 비록 어린 나이였지만, 수돗물만 먹고 살던 사람이 지게를 질 줄 압니까, 도리깨질을 할 줄 압니까, 밭에 김을 맬 줄 압니까. 지금도 그때 기억을 더듬으며 가을 여행을 떠나 농민들이 도리깨질하는 것을 볼 때면 나서서 옛날 제가 하던 대로 시범을 보여주곤 합니다.

제 기억으로는 형님이 살아 있다는 소식을 듣고 어머니는 여비를 마련하기 위하여 엿을 다려 팔기로 하고 김장수(행자 아버지) 집사님과 저희 형제는 산이란 산을 모두 뒤져 나무를 해 드렸습니다. 그러는 가운데 저는 그만 뇌막염이란 난치병에 걸리게 되었습니다. 캄캄한 밤에도 쉬지 않고 눈물을 흘리며 기도하시던 어머니의 기도 소리, 한마디로 절규였습니다. 이 아이만 살려 주신다면 평생을 주님을 위해서 살겠다고 눈물 흘리며 간절히 하나님에게 매달리는 모습, 야곱이 천군천사와 씨름하는 모습과도 같았습니다. 아버지의 고귀한 순교와 간절한 부탁을 이루기 위해 낮에는 일만 하시고 밤에는 호롱불 밑에서 성경을 읽으며 기도하시던 어머니의 그 모습이 제 머릿속에 늘 남아 있습니다.

그 당시 인민군 의병醫兵 한 사람이 밤마다 어머니 곁에 와서 같이 성경 이야기도 하고 같이 기도하고 저를 치료해 주고 주사를 놓아 주고 어디론가 사라지곤 했습니다. 나중에 알고 보니 그 의병은 남쪽에서 끌려 온 독실한 기독교 신자 의병이었습니다. 저를 낫게 해 주려는 천사와도 같은 분이었습니다. 지금 가만히 생각해 보면 하나님께서 저를 쓰시려고 몇 번씩이나 살려 주셨는데……. 그러나 3개월 동안 병석에 누웠다 일어나 걸어 보니 가관이었습니다. 저는 바다 게처럼 걷는 것이었습니다. 그때 어머니는 얼마나 소리 내어 우시며 기도를 하셨는지 모릅니다. 새어머니는 친자식도 아닌데 왜 나를 살리려고 노심초사하시는 걸까, 그 고마운 마음과 미안한 마음에 어찌할 바를 몰랐습니다.

김봉화 집사님과 외동딸 행자네 식구들은 먼저 안내원을 앞세워 인천에 가셨다는 소식을 듣고, 어머니도 저희를 이끌고 남으로 향하기로 했습니다. 이미니는 광주리 밑에나 성경을 놓고 그 위에 복숭아를 담고 복숭아 행상 차림으로 옹진 쪽을 향하여 길을 떠났습니다. 길을 가다가 저쪽에서 인민군이 나타나면 아무 밭에나 들어가서 김을 매는 척하다가 인민군이 지나치면 일어나 또 걸어가곤 했지요. 자세한 기억은 없지만 그런 와중에 누나는 조그만 섬에 도착하여 저희를 기다렸다고 합니다. 식모살이로 고생을 하면서 저녁이면 먼 바다만 쳐다보며 어머니와 저희들이 오기만을 기다린 것이 6~7개월이나 되었다고 합니다. 그때가 가장 가슴 아팠던 시절이었습니다. 지금도 그때 이야기가 나오면 모두들 눈시울을 적시면서 슬퍼하기도 하고 감사하는 마음 나누기도 합니다. 아버지는 순교하시고 큰형님과도 헤어지고, 작은형은 인민군에게 끌려가고 누나와도 헤어져서 찾아다니던 때를 생각하면 옛날 하나님이 사탄을 통해서 욥을 시험하시던 일을 떠올립니다. 그러나 저희 식구의 믿음은 한 번도 변하지 않았습니다.

저희는 곧 누나와 함께 행자네 식구를 만나기 위해서 인천으로 향했습니다. 인천에서 모두 만나게 되었고, 형님이 대한민국 해군에 입대하여 진해에 계신다는 소식을 듣고 영등포로 나가서 기차를 타고 부산으로 향했습니다.(이 부분은 장녀 서인선의 진술과 일부분 차이가 난다 – 편집자) 부산의 평안교회를 찾아가서 아버님을 잘 아신다는 목사님에게 인사를 드리고 어머니와 누나는 형님을 만나기 위해서 진해로 향하고 만선이와 저는 미대사관 앞에 햇볕이 내려 쪼이는 곳에 앉아서 배고픔을 달래며 웃옷을 벗어 이를 잡기도 했습니다. 누르면 피가 튀길 정도로 커다란 이들이었지요. 철없는 저희들은 부끄러운 줄 모르고 낄낄 대며 좋아했습니다.

부산에서 피난생활이 시작되었습니다. 영주동 산자락에 "하꼬방(종이로 된 판잣집)"을 짓고 삶을 시작했습니다. 방바닥은 드럼통을 펴서 깔고 그 위에 흙을 바르니 훌륭한 온돌방이 되었고, 벽은 온통 신문지로 도배를 하고 해서 그 당시에는 그래도 훌륭한 '방갈로'가 되었습니다. 어머니가 '미실회'라고 하는 순교자 가족을 지원하는 구호단체에서 재봉일을 하시고 배급 나오는 것으로 생활했습니다. 누나

□ 부산 피난시절(영주산에 물통 차례를 놓고 기다리며 누나가 고등학교에
다니고 싶어 슬퍼하니까 동생들이 위로하는 모습)

는 그 당시 어디서 무엇을 했는지 기억이 잘 나지 않지만, 만선이와 저는 부산의 봉래 초등학교에 다녔던 걸로 기억합니다.

영주동 산꼭대기에 올라가 바위틈에서 나오는 물을 받아다가 밥도 짓고 마시기도 했습니다. 영주동에 있는 영주교회에 다녔는데, 아버지의 친구인 계창주 목사님이 오래 시무하시던 교회입니다. 얼마 후 영주동에는 큰 불이 났습니다. 판잣집에 불이 붙었으니 얼마나 잘 붙겠습니까. 그런데 누나는 조그만 물건 하나 빠뜨리지 않고 죄다 꺼내 오는 모습이 대단했습니다. 지금도 식구들이 모이면 그때 이야기를 하곤 합니다.

그렇게 세월은 흘렀고, 1953년 서울 수복과 함께 누나는 후암동에 있는 함덕관이라는 기숙사에 살면서 배화여고를 다녔습니다. 방학에는 아르바이트생으로 일하면서 공부하였습니다. 미실회에서는 순교자 유가족을 위해 범내동에 50가구의 집을 짓고 살게 하면서 재봉일도 할 수 있게 해 주었습니다.

저는 중고등학교를 다니면서 이런 생각을 하였습니다.

아버지가 교인들의 말을 듣고 저희 식구가 먼저 피난 나왔더라면 식구 모두 이렇게 고생하였을까. 특히 연약한 여자인 어머니의 고생이란 너무한 것 아니던가. 친자식도 아닌 저희를 돌보느라 그것도 젊은 나이에 수절하시며 어린 자식들을 순교자의 떳떳함과 신앙으로 키우려고 애쓰시던 어머니……. 어떤 교역자는 나라와 교인을 위하려면 어떻게든 살아남아야 일을 감당할 수 있다고 어려운 일을 이리저리 피하여 다시 목회를 했다는 자서전도 읽은 기억이 납니다.

저희 아버지의 순교가 나라와 교회를 그리고 평화를 위한 것이었는지 저는 지금도 잘 모르겠습니다. 그래도 저희 형제들, 제 식구들 그리고 손자 손녀들이 조상들의 신앙을 이어받을 수 있는 것은 아버지와 어머니의 간절한 기도가 이루어진 것으로 믿습니다. 감사할 뿐입니다.

저는 31세에 김세진 목사님이 시무하시던 서울 동신교회 목사님의 주례로 그 교회 김광섭 장로님의 맏딸 김춘자와 결혼하여, 슬하에 은실이, 혜실이 그리고 현실이 이렇게 세 딸을 두었습니다. 세 딸이 모두 결혼하여 지금 손녀가 다섯에 손자 한 아이의 대가족을 이뤘습니다.

하나님께서 짝지어 주신 저의 아내 김춘자도 모태로부터 신앙 속에서 자라나 아버지와 어머니의 대를 이어 전도사가 되어 아이들을 신앙으로 교육시키노라 많이 노력하고 있습니다. 저의 장인 장모의 후손이라곤 외가이긴 하지만 저희 집 아이들뿐입니다. 이 아이들도 고귀하고 올바르게 가르쳐 주시던 아버지와 어머니의 신앙을 그대로 이어받아 손자 손녀들을 기르고 그 사랑을 물려주리라 다짐하고 있습니다. 다른 형제들에게는 많은 지식의 몫을 주셨지만 저에겐 한없는 건강을 허락하셨습니다. 이 건강을 통하여 제게도 할 일이 남아 있다고 자부하고 있습니다.

1995년 1월 어머님이 아버지 곁으로 가셔서 그동안 저희들 보살펴 주시고 기도하시던 모습이 자주 기억 납니다. 온 가족이 용인 가족공원 묘지로 어머니를 찾아뵙고 찬송을 부르고 시도 낭독하고 지난 이야기꽃을 피우기도 합니다. 아버지는 46세의 젊은 연세로 그렇게 크나큰 일을 하시고 순교하셨는데 저는 73세가 되도록 해 놓은 것이라곤 하나도 없다는 생각을 하면 부끄럽기가 짝이 없습니다. 그러나 제

아이들이 있고 손자 손녀들이 있어 조금이나마 위안이 되곤 합니다.

아버지!

이제 머지않아 천국에서 저희 식구들 다 모여서 세상에서 살던 아름다운 이야기들을 나눌 때까지 안녕히 계십시오. 그리고 저희들 지켜 주십시오. 순교자 아버지의 뒤를 따라 저희 식구들이 뒤돌아보지 않고 어머니의 인도로 60년이 넘도록 순교자의 신앙을 지켜 왔으니 "소돔과 고모라"의 재앙으로 멸망하지 않도록, 저희와 저희 교회와 저희 한국을 지켜 주시옵소서.

아멘.

순교자의 아내,
어머니를 기리며

서
만
선

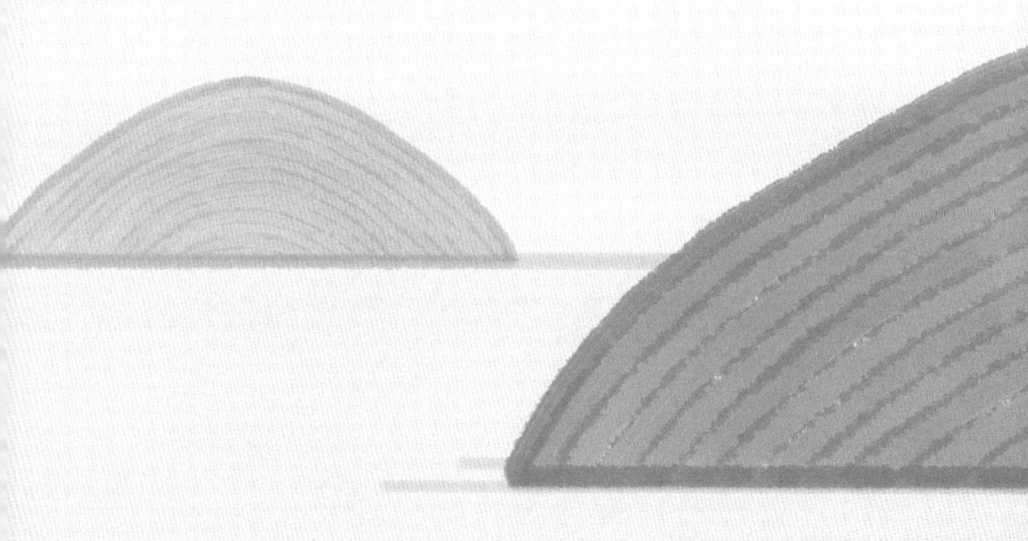

□ **사남 서만선(徐滿善)**

1940년 만주 통화성 쾌대모자 출생. 숭실대학교 경영학과 졸. 조선호텔, 롯데호텔 이사 역임. 숭실대학교 총동문회장 역임. 현 북한전통음식문화연구소 상임고문. 예수교장로회 봉원교회 시무장로.

□ **가족관계**

서만선과 김옥경(한국무용가, 오연문화예술원 한국무용 교수) 사이에 1남 1녀를 두고 있다. 장녀 서경실(그래픽 디자이너)과 사위 김유식(재즈 기타리스트), 장남 서훈실(제일기획 대리)이 있다.

아버지가 대동강에서 공산당에 의해 고결한 죽음을 당하신 지 60주년이 되는 해에 아버지가 사랑하시는 막내아들이 아버지와 함께한 짧았던 11년의 기억의 편린들을 꺼내어 추모하며 여기에 펼치고자 한다. 그리고 아버지의 고귀한 신앙을 이어받아 우리 남매들과 그 자손들을 지금까지 하나님의 품안에서 잘 지켜 주신 어머니 한진모 전도사의 헌신과 사랑을 덧붙여 쓰고, 아버지의 순교 후 남은 우리가 오늘까지 걸어온 여정을 쓰고자 한다.

나의 아버지

나의 아버지는 1950년 가을 장포동 근처에 있는 남산 밑자락 양지바른 언덕에 "서용문 목사" 이름 석 자를 나무

판때기 비석에 남기고 46세에 생을 마감하시고 하늘나라에 가셨다. 내 나이는 11살이었다.

보안서원한데 끌려가시던 날 "여보!아이들을 잘 부탁하오" 하시고 잡혀가시던 아버지의 모습을 나는 생생히 기억한다. 2, 3일만 피신 하셨더라도 아니 단 하루만 피신하셨더라도……. 나는 그 어렸을 때 안타까움을 금치 못한다.

아버지의 죽음은 값진 순교다.

할아버지(서병훈)는 일제 강점기에 옥사하시고, 아버지는 괴뢰군에 총살당하시고, 어찌 이런 기구한 운명이 있단 말인가? 그러나 이들은 죽음을 두려워하지 않았고 죽음과 싸워 이기신 분들이시다. 참 위대하고 자랑스러운 죽음이다. 할아버지와 아버지는 자식들에게 물려줄 재산은 물론 없었다. 그러나 이들은 자유 민주주의를 지키시고 예수님을 지키는 큰 신앙을 자식들에게 물려주셨다.

어버지가 살아 생전에 뒷짐 지고 늘 부르시던 찬송가는 아직도 내 귓전을 때린다.

"아 하나님의 은혜로 이 쓸데없는 자
왜 구속하여 주는지 난 알 수 없도다.
내가 믿고 또 의지함은 내 모든 형편 잘 아는 주님
늘 간수해 주실 것을 나는 확실히 아네"

4절까지 내 손을 잡고 이리저리 방 아래 위를 왔다 갔다 하시며 부르시고는 "내 마음이 항상 편한지 난 정말 알 수 없어" 하신다. 나는

□ 봉원교회

이 글을 쓰면서 아버지 생각에 눈시울을 적시고 있고, 주일 예배시간에 봉원교회 이원태 목사님이 이 찬송가를 가끔 부르셨는데 나는 4절을 다 부르지 못하고 아버지 생각에 잠기곤 했다. 이 외에도 나와 손잡고 걸으시면서 부르신 찬송가가 많이 있었다. 찬송 후에는 "여호와는 나의 목자시니 내게 부족함이 없으리로다. 나로 하여금 푸른 풀밭에 눕게 하시고 잔잔한 물가로 나를 인도하시네" 이 시편을 읊고 찬송을 부르시곤 한 것이 아직도 내 머리에 맴돈다. 아버지가 즐겨 부르시던 이 두 편의 찬송을 나도 즐겨 부르고 항상 아버지를 생각하게 된다.

어머니는 아버지께서 만선이만 사랑한다고, 그리고 너무 편애하신다고 불평하시면서 말다툼까지 하셨다. 그때 아버지 말씀이 "여보 만선이를 편애하는 게 아니고 이 애가 늘 불쌍해서 그렇소. (왜 내가 불쌍한지 지금도 모르나 아마도 엄마 젖도 못 먹고 자란 아이라 그런 것 같았다.) 만선이가 좀 허약해서 형을 물어뜯고 싸우고 해서 당신이 싫어서 그런 걸 내가 아오. 그러나 아들 만선이는 이다음에 누구보다도 당신을 위하고 보살피고 돌봐줄 거요. 사랑해 주시오, 여보."

이 대화를 나는 잊은 적 없다. 사실 그랬다. 내가 철선이 형과 싸우면 아버지는 철선 형과 웅선 형을 불러 놓고 회초리를 드셨다. 형들이 두세 대 맞으면 나는 한 대 정도였다. 이것을 보신 어머니는 속상해하셨다. 그러나 어머니는 형들만 불러 맛있는 지짐을 주곤 했기 때문에 난 아버지한테 매 맞는 형들이 너무 고소(?)했다.

아버지는 자식들보다 교인들을 항상 살펴 기도하시고 사랑하셨고, 주를 사랑하는 그 넓고 깊은 신앙은 사도 바울이셨다. "내가 주를 섬기듯 너희도 그렇게 하라"라고 한 바울 말씀이다. 한번은 어느 주일 아침에 어머니가 아버지 와이셔츠를 다림질하셨는데 갑자기 불호령이 떨어졌다. "거룩한 안식일에 다림질을 왜 하느냐?"며 노발대발하시는 바람에 우리 모두 아침도 못 먹고 주일학교에 간 일도 있었다. 주일예배가 끝나면 많은 교인들이 사택으로 모여들곤 하였는데 공산주의 사회에서 어떻게 살아야 하는가? 언어, 행동을 조심하라는 말씀을 하시고 찬송가와 성경을 읽고 기도하고 헤어지곤 하셨다. 아버지는 집에 찾아오는 교인들을 매우 반기셨고 소외된 사람들을 위로하고 그들에게 용기와 희망을 주셨다. 이런 것들이 아버지가 세상을 떠나기 전까지의 기억들이다.

어머니 한진모 전도사

어머니는 1909년 8월 10일 해주에서 태어나시고 성경학교에서 교육받고 옹진(3.8선에서 남쪽으로 8km떨어진 곳)에서 조그마한 마을교회에 속장으로 봉사하셨다고 한다. 내 나이 세 살 때 날 낳으신 친어머니가 돌아가시고 한진모 어머니는 1943년에 아버지 서용문 목사와 만주 봉천에서 재혼을 하여 새어머니가 되셨다. 그때 나는 누나 등에 업혀 많은 하객들이 조그마한 집(부엌, 안방, 윗방이 전부였다)에서 북적 대던 것을 기억하는데 그때가 결혼 잔치 하는 날이었다고 한다.

8·15해방과 후창

내 나이 여섯 살 때 해방이 되어 만주에서 조선땅으로 가기 위해 기차를 타고 압록강 다리를 건너온 것까지는 기억이 나는데 어디를 거쳐 왔는지 모르나 최종 도착시는 평북 강계였고 얼마쯤 그곳에서 살다가 오가산(백두산이 아주 멀리 보이는 험한 산)을 넘어 후창이라는 곳에 다다랐다. 아버지는 후창 장로교회 목회자였고 나는 소학교 1학년에 다녔다.

후창이라는 마을을 잠깐 기억나는 대로 몇 자 적을 수 있다. 이 후창이라는 마을은 산골 마을이었는데 한겨울에는 눈이 무척 많이 쌓였고, 동네 어른들이 곰을 사냥해 길바닥에 여러 마리를 눕혀 놓던 것을 보면 그 동네 주민들은 짐승 사냥이 주업이었던 것 같다. 그 동네에서 후창교회에 다니는 김행자 여자 친구를 만나 학교에 늘 같이 갔던 기억이 나는데 그는 한양대 음대를 졸업하고, 지금은 은퇴하였지만 평택대학교 음대 성악교수였다.

평양 입성

그 후 아버지는 별하, 중앙, 웅성을 거쳐 평양 변두리에 있는 용악리교회에 담임목사로 부임하게 되었고 1년 후 평양에 입성하여 보통강을 끼고 있는 대타령이라는 마을의 보령교회에서 시무하시었다. 이 대타령에서 나는 제12인민학교 5학년 초까지 다닌 걸 보면 아버지가 가장 오래 계신 곳이 보령교회였다. 약 3년 후에 다시 서평양을 넘어 가까이에 있는 장포동교회로 옮겨 아버지는 그 교회에 목사로 시무하게 되었다.

역시 나는 장포동에 소재한 제35인민학교 5학년으로 편입하고 얼마 안 있어 6·25전쟁이 터졌다. 그때 내 나이는 열한 살이었다.

작은 형 서웅선

보통강 보령교회에 있을 때 몇 가지 재미있는 기억이 난다. 작은형(둘째 형 서웅선)이 있었는데 작은형은 동생들을 무척 사랑했다. 철선 형과 나를 데리고 종로에 있는 화신백화점의 철창으로 엮은 완전 오픈되어 있는 엘리베이터를 태우겠다고 매주일 예배가 끝나면 화신에 데리고 간 기억이 난다. 데리고 다닌 곳이 많았다. 대동강 다리 밑에 가서 헤엄치는 것도 가르쳐 주고 경마장에 가서 경마권을 사가지고 2배 3배 돈을 남겨 좋아했던 기억도 난다. 물론 작은형은 항상 아버지의 회초리를 달고 다녔다. 겨울에는 보통강에서 썰매를 태우고 스케이트도 만들어 태워 주고 팽이치기도 알려주었다. 연을 만들어 띄우는 것도 작은형한테서 배웠다. 웅선 형은 재주가 뛰어난 형인데 풍금도 잘 치고 노래(찬송가)도 잘 불렀는데 목소리는 테너 목소리였다. 단 한 가지 못하는 것이 있었는데 그것은 '공부'였다. 학교에서 성적표를 받는 날은 죽음의 날이었다.

9.16 평양 대폭격

아버지한테 공부 못 해 회초리, 동생들 잘 못 본다고 회초리, 주말에 퐁도 화신에, 그리고 대동강에, 경마장에 매주 데리고 다닌다고 회초리를 맞고도 우리를 데리고 다녀 나한테는 우상이었고 동네 꼬마들 왕초였기에 작은형은 정말 든든한 형이었다. 평양 장포동교회에 있을 때 6·25가 발발했을 때 작은형은 17세였는데 교회 지하에 큰형과 숨어 있었다. 작은형은 숨어 있다가 답답해서 잠시 밖으로 나왔다가 인민군에 잡혀갔고 그 후 소식이 없다.

당시 평양에 살던 시민들은 아마도 모두 기억을 하고 있을 것이다.

1950년 "9월 16일"을 말이다. 그날엔 새벽부터 평양 시내 한복판부터 평양 외곽까지 B-29가 하늘 높이에서 그리고 T-33(쌕쌕이)은 낮게 비행하면서 십자형으로 온종일 폭격을 가했는데 폭탄이 중간에서 터져 건물은 물론 그 파편에 인명 피해가 극심했다.

어머니는 막내인 나를 데리고 산과 들을 넘어 폭격을 피해 식구가 뿔뿔이 헤어져 도망쳤다. 폭탄 떨어지는 소리가 쇠— 하고 나면 엎드리고 끝나면 일어나는데 옆에 엎드려 있던 한 아저씨는 폭격이 그쳤는데도 그대로 엎드려 있어 일어나라고 흔들었더니 파편에 맞아 이미 죽어 있었다. 이런 끔찍한 광경을 보면서 폭격을 피해 어머니와 나는 달리고 또 달렸다.

10.19 평양 탈환

같은 해 10월 19일에 평양을 점령하였고 유엔군은 북조선 공략에 성공했다. 헐벗고 배고픈 우리 서민들은 곡식을 얻으러 다니느라 집집마다 바삐 움직이고 우리 누나(인선)는 한 창고에 들어가 쌀가마니를 발견하고 그곳에 엎드려 내 것이라고 한 치도 물러서지 않고 끝까지 지켜 집에까지 운반하는 데 성공했다. 어머니는 누나를 자랑스럽게 여겨 우리 장포동교회 교인들에게 억척같다며 누나 자랑을 늘어놓았던 기억이 난다.

한국군의 평양 점령은 중서부의 험한 산길을 따라 진격하는 국군 제1사단이 경의선 국도를 따라 진격하는데 한발 앞서 평양에 접근하게 된다. 한편 그 시점에는 미 제1군단뿐만 아니라 이승만 대통령의 특별명령에 따라 국군 제2군단의 주력까지도 평양에 근접해 있는 상황이었고 성원과 율리에서 서북방으로 진격해 평양 공격에 합류하여 드디어 10월 19일 국군 제1사단이 평양에 최초로 입성했고 곧 미1병사단과 국군의 제7사단도 거의 동시에 평양에 입성하게 된다.

그 후 시내를 소탕하는 작전이 전개되었고 소탕전이 완료된 10월 30일, 이승만 대통령이 참석한 가운데 평양시청에서 성대한 평양 입성 환영식을 거행했다고 한다.

'평양탈환작전' 후 탈환된 평양은 폭격으로 거의 폐허가 되었지만 그래도 평온한 편이었다.

아버지의 죽음

장포동교회 교인 중 보안서원(경찰)이 있었는데 아버지께 급히 와 "목사님! 빨리 몸을 피하셔야 합니다"라고 언질을 주었고 교인들도 몸을 잠시만 피신하시라고 간곡히 부탁을 하였다.

아버지는 인자하고 낮은 목소리로 "나를 염려해 줘서 고맙소. 그러나 나 혼자 살겠다고 피할 순 없소. 양들을 버리고 내 어찌 몸을 피해 숨거나 도망갈 수 있겠소. 모여 있는 사랑하는 교인 여러분! 참혹한 이 전쟁을 종식시키고 평화의 날을 위해 기도하시오." 이런 말씀을 남기고 7월 어느 날 보안서원들에게 붙잡혀 갔다. 그 후 우리 식구들,

어머니와 누나, 철선 형과 함께 우리 교회 교인이 살고 있는 평양 근교로 피난을 갔다가 얼마 안 있어 평양 탈환을 한 직후에 장포동교회에 다시 돌아왔다.

보안서에 붙들려 간 아버님의 생사는 알 길이 없었고 어디로 잡혀 갔는지도 알 길이 없었다. 교인들은 서 목사님은 북으로 끌려갔거나 총살당하셨을 것이라고 하였다. 앉아서 아버지가 오시기를 기다릴 수만 없었던 어머니는 아버지의 시체를 찾으려 큰형과 교인들과 함께 여기저기 다니기 시작했다. 길게 방공호를 파 놓은 곳에 많은 사람들을 처넣고 그대로 사격을 해 죽임당한 이들도 있었고, 남산에 있는 탄광에 가 보니 머리(얼굴)만 내놓고 몸 전체를 땅에 파묻고 얼굴에 기름을 부어 태워서 죽인 사람들은 누가 누구인지도 분간할 수 없었으나 자기 앞에 옷을 가지런히 개놓아 그 옷을 보고 누구인지 알고 시체를 찾아가는 사람이 있었지만 그곳에도 아버지는 안 계셨다고 한다. 그렇게 찾기를 일주일이 넘었는데 어머니 꿈에 나타난 아버지가 대동강에 계셨다고 한다.

아침 일찍이 어머니와 큰형과 그리고 교인 한두 명이 같이 대동강 하류 모래사장으로 달려가 뱃사공들이 건져낸 시체를 찾기 시작했다. 팔을 칭칭 묶은 시체들을 모래사장 위에 즐비하게 늘어놓았는데 거기서 굵은 밧줄에 꽁꽁 묶인 채 열두 방의 총상을 입고 물속에서 뚱뚱불어 잘 알아 볼 수 없는 싸늘한 아버지의 시신을 마침내 찾아내셨다. 곧바로 아버지 시신을 교회로 옮겨 교회 앞마당에서 교회장으로 장례를 치르고 남산 밑자락 양지바른 언덕에 조그마한 묘를 만들고 판때기로 비석을 세웠다.

피난길-고생길

1950년 추운 겨울(아마도 12월 중·하순이었던 것 같다)에 형님(서광선 목사)이 장포동교회에서 마지막으로 설교를 하셨고(아버지 설교만큼이나 잘하셨단다) 형님은 평양시내에 있는 YMCA로 가셨다. 그날 저녁에 서평양역 옆에 사는 의사(교인) 댁에서 형을 만나 기차를 타고 피난 간다고 어머니는 말씀하시고 우리는 그 의사 댁으로 저녁 늦게 갔는데 서평양에서 갑자기 폭탄이 터지기 시작해 그 의사 댁에서 형을 기다릴 수가 없게 되었다. 서평양에 쌓아놓은 폭탄은 북한군이 남겨 놓고 간 것이기 때문에 그들이 다시 사용 못 하도록 폭탄을 모두 터트려야 한다고 했다. 밤새도록 터트린 폭탄으로 엄청난 사상자가 생겼고 그 의사 댁에 있던 한 교인은 파편에 귀가 달아나고 언청이가 됐다.

아침에 교회에 일찍이 찾아온 부상당한 그 교인이 "사모님" 하며 반기면서 말을 이었다. 서광선 선생은 교회에 돌아오지 않았느냐고 물었고 어머니는 그 물음에 답할 틈도 없이 "그러면 네 형은 무사하구나" 하고 한숨을 내쉬면서 모든 교인이 피난 가는데 떠날 생각을 하지 않았다. 어머니 말씀은 "너희들은 다 버려도 형님을 버리고 갈 수 없다"고 하시면서 교회 계단에 눌러 앉았다.

사찰 집사가 교회 종을 한없이 쳐댔다. 뎅그렁, 뎅그렁 종소리는 멀리 울려 퍼졌다. 교인들 중에는 후창에서 서용문 목사를 따라 평양에 온 김봉화 집사가 있었다. 김봉화 집사는 김행자 어머니이고 집사님 가족들과 함께 해주까지 같이 피난을 하게 된다. 김 집사는 어머니를 붙잡고 아이들 데리고 빨리 남들처럼 피난길에 오르지 않고 뭘 망설이고 서 있느냐고 야단이었다. 어머니는 하는 수 없이 우리를 데리고 교회를 뒤로하고 피난 대열에 끼었다. 내가 다니던 35인민학교를 거쳐 남산 밑자락에 있는 아버지 무덤에 이르러 우리 모두 엎드려 기도하고, 김장수 아저씨(행자 아버지)가 앞장을 서고 여러 명이 그의 뒤를 따랐다.

피난길에 오른 어머니는 몸에 얼마의 돈을 지참했는지 그것은 알 수 없으나 가지고 나온 것은 성경과 찬송가 책하고 아버지 이름이 새겨져 있는 큰 놋그릇과 그 속에 큰 덩어리의 엿밖엔 없었던 것 같다. 그런데 이 엿이 들어 있는 놋그릇은 철선 형과 내가 책임지고 들고 가라는 것이었다. 그런데 이 엿그릇이 얼마나 무거운지 50미터도 못가고 형과 나는 번갈아 들고 갔는데 형이 갑자기 내 앞에 오더니 놋그릇을 길바닥에 놓고 도망쳐 앞질러 가는게 아닌가. 약이 오른 나는 한치도 질 수 없어 형과 똑같이 하면서 아버지 놋그릇을 열심히 들고 갔다. 엿을 좀 먹고 가면 좋으련만 어머니는 그냥 들고 가라는 것이었다. 어디로 어떤 목적지로 가는지 모르나 피난민 대열에서 우리는 걷고 또 걸었다.

날이 저물어 한 마을에 이르렀는데 볏짚이 많이 쌓인 한 창고에서 많은 다른 가족들 속에 들어가 겨우 자리를 잡고 저녁도 못 먹고 피곤하고 지친 몸이라 곧 잠이 들었고 아침에 짐을 챙기고 또 정처 없이 피난길에 올랐다. 그런데 나는 잠에서 일어나 가려고 하는데 배가 고프다 못해 너무 허기가 져서 도저히 한 발자국도 옮길 수가 없었다. 어머니와 행자 어머니가 막 야단을 치셨다. 일어날 수도 없는데 또 어떻게 걸어가느냐고 하자 날 버리고 간다고 했다. 그래도 난 움직일 수가 없어 그냥 누워 있었다. 행자 아버지가 애를 어떻게 버리고 가느냐고 하며 다 거기에서 기다리고 하고는 어디론가 사라졌다. 한 한 시간 후에 닭과 쌀을 갖고 와 푸짐하게 음식을 차려 놓아 거기에 남아 있던 우리 일행이 배불리 잘 먹고 피난길에 오른 기억이 생생하다.

후에 2, 3일 더 걸었고 '사리원' 이란 곳에 다다랐는데 그곳은 개성으로 가는 길과 해주로(황해도) 가는 갈림길이었다. 어른들이 적잖이 걱정이셨다. 얘기인즉 개성으로 가는 길이 막혔다는 것이었고 한시라도 빨리 해주 가는 길을 택해 가야 한다는 것이었다. 그래서 많은 피난민들이 해주 쪽으로 가는 대열에 우리 일행도 끼어 하루 종일을 걷고 있었다. 그런데 갑자기 한국 공군 비행기가 나타나 피난민들에게 기관총을 쏴 대는 게 아닌가. 이때 우리 앞뒤에서 많은 사람들이 죽었고 우리는 앞에서 뒤엉켜 죽은 시체를 밟고 갈 수밖에 없었다. 비참하게 죽은 시체들 가운데는, 엄마가 폭격에 죽었는데 애기는 그 엄마 젖을 빠는 그런 광경을 보면서 갔고 어른들은 혀를 차고 어떤 이는 슬퍼 우는 사람도 있었다. 어른들 말로는 소달구지가 보이면 빨갱이들이 있다고 폭격을 했다고 한다. 그렇게 걷기를 또 이틀 정도 걸어 해주에 도착했다. 그곳에는 어머니 친딸 김경애 큰누나가 결혼하고 해주에서 아이(딸) 둘을 낳고 살았다. 그 집에 짐을 풀고 행자네 세 식구와 우리 네 식구가 머물러 사흘가량을 지내게 되었다.

해주에 인민군이

그런데 무슨 청천벽력인지 인민군이 지난 밤에 해주까지 쳐들어와 주둔하고 있단다. 어머니와 행자 어머니 김경애 누님이 사색이 되어 얼굴만 쳐다보고는 말을 하지 못했다.

약 일주일 해주 큰누님 댁에서 지낸 후 피난 갈 대책이 마련되었는지 어머니가 우리에게 단단히 훈시를 하셨고, 그 이튿날 어디로 가는지 모르나 아침 꼭두새벽에 든든히 밥을 먹이고는 빨리 따라나서라는 것이었다.

나는 무겁게 들고 온 놋그릇이 걱정되어 이것만 놓고 가면 살 것 같아 어머니에게 부탁을 했더니 웃으시면서 그래 성경책만 갖고 간다고 했다. 우리에게 간단한 봇짐을 등에 지우고 또 길을 떠났다. 우리가 가는 곳은 피난처로 이름이 나 있는 '숫골'이라는 동네라 했다. 지금 생각해 보면 그곳은 서울에서 안양까지보다는 좀 먼 거리였던 것 같다. 가는 길에는 우리 식구와 행자네 식구 그리고 혼자 살던 장 집사뿐이었다. 그렇게 모두 아침 일찍 숫골로 떠났다.

점심시간쯤 되었을 때다. 좁은 길(달구지 다닐 정도의 길)에 한 줄로 서서 얼마쯤 걸어가는데 갑자기 땅속에서 총을 들고 "거기서!!!" 하고 인민군 너덧 명이 밖으로 튀어나오며 소리를 지르는 것이 아닌가? 모두 놀라 땅바닥에 주저앉았다. 그들은 갖고 가는 짐 보따리를 내놓으라고 하고는 짐을 뒤지는 게 아닌가. 그때 어머니가 나서서 "해주에 폭격이 너무 심해 이 어린아이들 때문에 잠시 숫골이라는 동네에 피신해 가는데 폭격이 멎으면 다시 해주로 돌아갈 테니 그냥 보내주세

□ 숫골로 피난 가는 길에 마주친 인민군

요" 사정했다. 인민군들은 뒤지던 보따리를 대충 훑어보고는 숫골로 가는 길에 저쪽 놈들(남쪽 치안대를 말함)이 논두렁 건너편에서 총을 쏘는데 괜찮으면 그냥 가라는 것이었다. 짐을 다시 챙기고 논두렁길을 따라 가면서 어머니는 찬 짐 속에 성경이 있는데 하나님이 보호해서 들키지 않았다고 너무 좋아하시면서 "하나님 하나님, 이 어린 자식들을 보호해 주시옵소서. 살려야 합니다. 하나님." 이렇게 기도하고 1시간 정도 걸어가는데 인민군이 일러준 대로 저쪽 논두렁 남쪽에서 우리를 향해 총을 쏴 대는 것이 아닌가? 어머니와 행자 어머니는 흰 보자기를 흔드는 데도 사격을 했지만 우리 모두 무사했다. 그 동네 치안대들이었고 그들은 밤새 우리를 조사했고 치안대원들은 우리를 위해

엄호사격을 했다고 설명하고 숫골까지 안내해 주었다. 그렇다고 우리가 숫골에 아는 이들이 있었던 것은 아니었다. 어머니와 행자 어머니 그리고 장 집사는 거기서 남쪽으로 탈출해야 하는데 더 이상 방법이 없어 그저 숫골에 눌러앉아 머물기로 했다.

숫골에서의 머슴 생활

그런데 문제는 우리가 숫골에 도착한 지 보름도 안 되어 또다시 인민군이 숫골은 물론이고 청단에도 그리고 개성까지 점령했다는 것이다. 이 소식을 접한 어머니는 마침내 숫골에서 정착을 하고 살 궁리를 하신 것 같았다.

어머니는 동네 어른들이 상원이네 집에서 모여 투전을 하면, 놀음꾼들을 위해 엿을 대고 그들에게 그 엿을 팔아 돈을 모았다. 누나는 상원이네 옆집인 초가집에서 식모살이를 했다. 애기도 봐 주고 뜨개질로 연명을 했다. 어머니가 하루는 우시면서 기도를 하시는데 그 기도의 내용은 누나를 어느 집에서 며느리 삼겠다고 어머니께 간청했고 만일 들어주지 않으면 우리 식구들을 평양으로 다 보내겠다고 했다는 것이다. 어머니는 눈물로 기도하는 것이었다. 정말 안타깝고 슬픈 사연이었다.

나는 그 동네에서 제일 부잣집(기와집)에서 머슴 같이 일을 했는데 나무 해 오는 것, 큰 빗자루로 넓은 마당을 쓸고 집안을 청소하고 저녁에는 소여물 먹이는 일을 했다. 밤새 투전꾼들한테 엿을 다려 팔고

□ 행자 아버지와 나무하는 맏섬

온 어머니는 잠을 내가 살던 사랑방에서 같이 주무셨다. 하루는 철선 형과 내가 행자 아버지와 함께 새벽 일찍 나무하러 갔는데 인민군대가 갑자기 들어와 숫골에 주둔하게 되었다. 그들은 군 텐트를 치고 민박도 했다. 동네 어른들이 어머니를 걱정하며 아이들을 다른 데로 데려가야지 평양에서 온 걸 알면 우리도 혼나고 당신네 식구들도 다 잡아 평양으로 돌려보낸다는 것이었다. 어머니는 우리 셋을 모아 놓고 낮에는 이 동네에서 얼씬도 하지 말고 혹 인민군이 말을 시켜도 평안도 사투리를 쓰면 안 된다고 하셨다. 그래서 우리는 황해도 말을 유창하게 하게 되었다. 행자 아버지(김장수)와 철선 형과 함께 새벽 대여섯 시면 나무하러 갔다가 밤에 들어와 조용히 잠자는 게 일이었고 매일 그렇게 살았다.

철선 형의 뇌막염

그런데 이게 웬일인가? 철선 형이 갑자기 눈을 뒤집으며 말도 못하고 열이 오르면서 갑자기 쓰러져 있는 게 아닌가? 그때 제일 먼저 달려온 사람은 동네에서 주둔하고 있던 인민군 장교였다. 그는 곧바로 청단에 있는 의사를 불러왔다. 한나절 만에 달려온 의사는 진찰을 했고 병명은 '뇌막염'이라고 진단했다. 그는 장교와 한참을 무엇인가 심각하게 의논을 하더니 이는 '전염병'이라 결론을 내리고는 그 다음날 아침에 즉각 모든 병사들을 철수시켰다.

어머니는 하나님의 뜻이었고 우리를 버리지 않으셨다고 눈물을 흘리며 감사 기도를 하셨다. 그리고는 철선이를 살려달라고 기도하셨다. 진단을 내린 의사의 말로는 뇌막염에 걸리면 아이는 살 수도 없거니와 살아도 병신 소리는 면치 못한다는 것이었다. 형은 인민군 의사가 살렸다. 허리 척추에 굵고 큰 주사기를 꼽고 물을 빼기를 두세 번 했다. 그 후 형은 움직이기 시작했고, 여기저기 두리번거리며 눈알을 돌리기 시작했다. 인민군들은 일거에 철수했다. 형은 병들어 쓰러졌지만 기적의 해방이었다.

  추운 겨울이 지나고 이듬해 봄에 형은 비틀비틀거리면서 밖에 나와 친구들과 같이 놀았지만 애들의 웃음거리였고 나는 철선 형 때문에 동네 아이들과 주먹질하며 싸우는 일이 다반사였다. 형을 놀리기 때문이었다. 형이 누워 있는 서너 달 동안 행자 아버지와 나는 매일 아침 도끼를 들고 지게를 지고 멀고도 먼 산으로 갔다. 그곳에서 눈 속에 파묻힌 나무 그루터기를 찾아 한삼태기씩 담아 지고 집에 오면 저녁을 얻어먹을 수 있었지만, 말이 저녁이지 밥알은 얼마 없이 물에 말아 먹었다. 반찬은 굵은 소금뿐이었다.

숫골에서 농사일

                봄에는 밭에 나가 모심고, 밭 갈고, 여름에는 밭에 나가 김매고, 나무 해오는 것은 물론 매일 해야 하고, 소여물을 작두로 잘라내고, 풀 뜯어 소 먹이고 가을에는 추수해 벼를 자르고, 그 벼를 지고 동네로 와야 하는데 논에서 물이 잔뜩 밴 벼를 지게

□ 숫골에서 농사일

에 싣고 지고 오는 데는 역부족이었다. 너무 무거워 움직일 수가 없었다. 그래도 힘을 다해 추수한 곡식들을 지고 와야 뙤약볕에 널어 말린다. 도리깨질을 하거나 벼를 터는 기계를 발로 돌려 벼를 털어낸 후에 가마니에 담아 창고에 쌓아 올리는 어른들을 도왔다. 이 숫골에서 나는 농사란 농사일은 다 해 보았다. 나는 형을 위해서 더욱 열심히 일했던 것 같다. 이런 농사일은 내가 다 해야 되는 줄만 알았고 농사일과 나무 해 오는 것과 소여물을 먹이는 것들이 내 일상생활이었다. 아무 희망도 없었고 희망을 가져 보려고도 하지 못했다. 어머니는 병들은 철선 형을 보며 안쓰러워 했고 내가 혼자 일하는 것을 보고 불쌍해 하시고, 집에 파묻혀 식모살이 하는 누나를 보고 밤마다 통곡을 하며 하나님께 매달렸다.

"하나님! 이 불쌍한 자식들을 살려주서셔야 합니다, 애들은 하나님의 종 목사의 자식들입니다. 목사님은 놈들의 손에 죽임을 당했고 이 아이들은 언제까지 농사일을 하고 멀리 가서 나무를 해 와야 합니까? 하나님이 계시다면 애들의 고통을 거두어 주세요." 이같이 매일 기도를 하는 어머니의 눈물의 호소는 절규였고 어머니의 기도는 애통하였고 간절했다.

그러던 어느 날 나 혼자서 나무를 하고 돌아왔더니 장 집사와 행자 식구가 남한으로 탈출했단다. 어머니는 또 슬퍼하셨다. 그들은 돈도 있었고 금도 있었다. 그래서 안내하는 사람을 사서 남한으로 갔다고 하시면서 아주 속상해 하시는 어머니가 너무 불쌍해 보였다. 우리도 돈을 모아 서 빨리 탈출하자고 했다. 그러면서 나에게 해주에 사는 큰누님 식구를 이곳 숫골로 당장 데려오라는 것이었다. 해주가 어디라고 나보고 그 세 식구를 데려오라는 것이냐고 강하게 거절했지만 (당시 매부는 남한으로 갔다고 했고 후일에 문화방송에서 근무함) 어머니의 의지는 단호했다.

"만선아!" 하며 부르시는 어머니의 눈은 빈뜩였다. "내 말 잘 듣고 아무에게도 말하지 마라"고 하면서 조용히 귓속말로 말씀하셨다. "야! 네 큰형이 살아 남쪽 어디에서 살고 있단다. 잡단지하지 말고 어서 큰누님과 애들을 숫골로 데려오라는 것이었다. "어머니, 내가 북으로 잡혀갈지도 모르는데 어떻게 하죠?" "얘야! 지금까지 하나님이 우릴 지켜주셨고 보호해 주셨는데 뭘 두려워하느냐?" 하시면서 땅바닥에 그려 길을 가르쳐 주셨다. '그 먼 산에 다니면서 나무도 지고 다녔는데 까짓것 갔다 오지 뭐……' 하고 용기가 갑자기 생겨 그렇게 하겠다고 어머니께 말씀 드리고 봇짐 하나 들고 길을 떠났다. 이튿날 새벽에 길을 나섰다. 밭과 논과 들을 지나 하루 종일 걸었다. 잘 알지 못하는 생소한 길을 가는데 인적은 하나도 없고 바람 소리만 나는 한적한 길을 평양에서 해주까지 올 때처럼 걷고 또 걸었다. 한참을 걷다가 무서운 생각이 들면 찬송가를 목소리 높여 불렀다.

"여호와는 나의 목자시니 내게 부족함이 없으리로다." 주일학교에서 배운 찬송가였고 아버지가 나에게 늘 들려주시던 시편 노래를 부르면서 끝도 안 보이는 해주로 향해 걸음을 재촉했다. 나는 아직도 이 찬송가를 들으면 옛 생각에 눈시울을 적시며 깊은 생가에 잠기곤 한다. 우리 봉원교회에서 이병철 집사님이 구역별 찬송가 경연대회 때 앞에 나와 앉아 이 시편을 천천히 낭랑한 목소리로 암송할 때도 나는 눈을 감았다.

하루 종일 걸어 나는 해주에 당도했고, 누님(김경애) 댁에 가 "누님! 저 왔어요" 했더니 누님이 눈이 휘둥그레지고 깜짝 놀라시며, "어머니가 어떻게 됐니?"라고 다그쳐 물으셨다. 네가 여길 웬일로, 어떻게 왔느냐면서 빨리 집에 들어와 자초지종을 말하라고 하셨다. 답은 간단했지만 나는 눈물을 흘리면서 "우린 아무일 없어요. 어머니가 누님 식구를 데려오라는 말씀 이외엔 아무일 없어요. 준비되는 대로 어서 빨리 숫골로 가시지요." 누님은 나를 기특해 하면서 "도대체 여기가 어디라고 왔느냐?"며 자못 놀라셨다. 저녁 밥상을 차려 주었는데 피난 오면서 한 번도 먹어 보지 못한 쌀밥을 배불리 먹고 나니 잠에 취해 견딜 수가 없었다. 다음 날 아침 일찍 애들을 데리고 나는 앞장서

▫ 김경애 누나 가족을 수곡로 데려왔다.

걷기 시작했다. 큰애는 일곱 살이라 걸을 수 있는데, 작은 애는 네댓 살 난 딸아이인지라 누님과 내가 번갈아 업고, 걷고 또 걸어 밤늦게 숫골에 도착했다. 어머니와 누님은 부둥켜안고 우셨다. 이제는 세 식구 더 늘어났고 살림은 더 어려웠다. 김장수(행자 아버지) 아저씨가 남쪽으로 간 후에는 나 혼자 나무하고 도리깨질하고 낫질하면서 머슴살이를 계속했다.

숫골에서 두세 달을 누님 식구하고 지냈는데 어머니가 누나(인선)를 먼저 안내원을 사서 남으로 보낼 테니 만선이 너는 누님(경애)과 애들을 다시 해주로 데려다 주라는 것 아닌가. 나는 앞이 캄캄했다. "어머니! 이렇게 보낼 거라면 왜 데려오라고 했습니까?" 해주로 보내지 말고 숫골에서 그냥 같이 살자고 떼를 썼다. 어머니 말씀은 "그럴 이유가 있으니 데려다 줘라." 나중에 그 이유를 일러주겠다고 하시고는 치마를 들어 눈물을 훔치면서, "얘야! 잘 가라, 애들 잘 키워라"고 한 마디 하시고는 밖으로 나가 버렸다. 나는 전에 해주에 다녀올 때처럼 누님 식구를 데려다 주었다. 누나(인선)는 안내원을 따라 어딘가로 사라졌고, 비실대는 철선 형과 어머니와 나는 쓸쓸하게 살았다. 누나가 떠난 일주일 후에 어머니는 복숭아를 잔뜩 준비해 지게에 담고는 나보고 이걸 지고 가자고 하신다. 몸은 다소 불편하지만 건강을 많이 회복한 철선 형은 작은 봇짐 하나 등에 지게 하고 나만 무거운 짐을 지고 가라고 하는데 내가 눈을 들어 시뚱했더니 어머니는 아무 말 하지 말고 지게 지고 따라오라는 것이었다. 어머니는 내가 무슨 불평을 하는지 잘 알고 계셨던 것이다.

북한 탈출

　　　　　　　　어머니에게 우리가 지금 어디로 가는 거냐고 물었다. 어머니는 아는 사람이 멀리 살고 있는데 말하지 말고 그냥 따라오라는 말씀만 하셨다. 결국은 아무것도 묻지 말고 엄마만 따라오라는 것이다. 그때가 늦여름인가 초가을이었는데 어머니는 너무 힘들어 하였고 몸이 축 늘어져 피곤을 감추지 못해 쉬어 가자고 했다. 그 쉬는 동안에 어머니는 말문을 열었다. 이제 저녁이 되면 한 마을에 도착하게 되는데 저녁 먹고 우리도 남쪽으로 도망쳐 간다는 것이었다. 누님 식구들은 애들이 너무 어려서 데려갈 수 없다고 해서 해주로 돌려보냈다고 하시면서 눈시울을 적셨다. 그런데 인선이가 무사히 잘 있어야 할 텐데 고생이 많을 거야. 우리도 별 일 없이 무사히 누나 있는데 가야 하는데…… 하며 말을 잇지 못했다.

　밤늦게 으슥한 마을에 볏짚 담장이 둘러쳐 있는 허수한 초가집에 들어가 짐을 내려놓고 저녁을 먹었다. 어떤 무서운 아저씨 두 명이 들어와 "이제부터 내 말 잘 들으시오" 하며 말을 이었다. 밖은 별도 보이지 않는 아주 캄캄한, 정말 지척을 분간할 수 없는 새카만 밤이었다. "절대 소리 내지 말고 걸어야 한다. 맨발로 걸어야 한다. 기침도 해서는 안 된다. 걷다가 사람이 없어져도 찾아서는 안 된다" 등등 수칙사항을 간단명료하게 일러주고는 밖으로 즉시 나오라는 것이었다. 안내하는 한 사람이 앞장서고 철선 형, 그 다음은 내가, 그리고 어머니가 뒤를 이었고, 맨 뒤에 안내자 순으로 칠흑같이 캄캄하고 깊고 깊은 숲 속으로 걸어 들어갔다. 얼마쯤 걸어가는데 인민군이 방향도 목표도 없이 무작위로 사격을 하는데 너무 심한 사격으로 안내자가 "오늘은 안 되겠소. 돌아갑시다." 퉁명스럽게 소리를 지르는 게 아닌가. 우리는 아무말도 못 하고 안내자를 따를 수밖에 없어 뒤돌아섰다. 다음 날 아침에 숫골로 다시 돌아왔다. 그렇게 하기를 두번 실패하였고, 어머니는 누나 걱정 때문에 잠도 못 주무시고 매일 기도만 하셨다.

누나가 떠난 지 석 달 후에 다시 시도를 했다. 어머니는 각오가 대단하셨다. 만일 이번에도 실패하면 다시는 숫골로 돌아가지 않겠다. "그러면요?" 하고 내가 물었다. "이젠 죽고 말겠다"고 하시면서 처음에 갔던 그 집에 도착했고 그 안내하는 아저씨와 다시 캄캄한 어둠을 헤쳐 걷기 시작했다. 한두 시간가량 아무말도 못하고 조용히 안내원을 따라가는데 어머니가 물가를 지나다가 낙상을 했다. "콰당" 하고 소리를 내며 넘어졌다. 안내원이 갑자기 야단을 쳤다. "이렇게 소리 내어 넘어지면 총에 맞아 죽습니다. 그러면 더 이상 갈 수 없소" 하며 돌아가자고 하는 게 아닌가. "여보시오. 가려거든 우리를 죽이고 가시오" 하고 어머니가 호통을 쳤다. 빗발같이 쏟아지는 총탄에 말소리도 잘 들리지 않았다. 안내원은 다시 이렇게 쓰러지면 그냥 돌아가겠다고 하면서 또 앞장서서 걸었다.

한참을 걸어 바닷가에 이르렀는데 바닷물이 점점 목에 차오르고 입에 물이 들어왔다. 우리는 "엄마, 왜 물이 짜지?" 하고 말했다. 안내원이 얼른 철선 형과 나를 겨드랑이에 손을 넣어 들어올리는 게 아닌가? 어머니도 목까지 물에 찼는지 짜다고 하셨다. 약속된 배가 없다고 안내원들이 야단이었는데 바로 옆에서 뱃머리를 툭툭 치는 게 아닌가. 안내원이 "아이고 이제 우리 살았소" 하면서 우리 둘을 급히 배에 올려 태워 주고 어머니를 올려 태웠다. 여명이 밝아오는데도 사격은 그치지 않았고, 우리는 말없이 총소리를 뒤로 하고 유유히 떠났다. 얼마나 추워하는지 이빨과 이빨을 부딪치며 덜덜 떨고 있는 어머니를 뒤에 앉아 있던 아저씨가 품에 안고 어머니를 녹여 주셨다. 정말 고마운 분이셨다.

사랑하는 누나와의 만남

우리가 도착한 섬은 황해도에 속해 있는 '수업도' 라고 하는 곳이었다. 아침 10시쯤에 도착하였고, 우리는 누나를 찾아 다닥다닥 붙여 지은 판잣집 사잇길로 어머니를 따라 언덕으로 올라가 목사님 댁이라고 하는 집을 찾아갔다. 어머니께서는 "인선이가 어디 있어요?" 물으시고 그 목사님의 안내로 누나가 있는 곳으로 갔다. 목사님이 인선이가 저기 있소 하자 "인선아!!!" 하고 부르는 어머니의 목소리는 매우 컸다. 그 후에도 어머니의 그런 비명 같은 소리를 들어본 적이 없다. 누나 역시 "어머니!!!" 하며 대답했다. 누나의 그 목소리는 비명이었고 절규였다. 누나와 어머니는 사람이 많은 좁은 길에서 대성통곡했다. 누나는 어머니를 마구 두드리면서 "일주일 후에 온다는 사람이 석 달이나 기다리게 하면 어떻게 해!' 하며 목 놓아 울면서 마구 소리를 질렀다. 누나는 절벽에서 떨어져 죽으려고 했지만 어머니와 동생들이 여기에 와서 나를 찾으면 어떻게 하나 걱정되어 자살도 못 하고 있었다는 것이었다. 그렇다. 누나는 정말 누더기 옷을 걸친 상거지였고, 머리칼은 산발이었고, 남자 윗도리 같은 검고 긴 큰 옷을 입고 엎드려 있었다. 누나의 울음은 그치지 않았고 어머니도 그치지 않아 말을 할 수가 없었다. 나도 울고 철선 형도 울었다. 우리 모두 울었다.

그날 밤 잠자리에서 어머니는 누나에게 지난날을 자세히 설명했다. 누님 식구들은 다시 해주로 돌려보냈고, 우리는 세 번이나 탈출을 시도하였는데 인민군이 무작위로 사격하는 것도 있었지만 날씨가 흐려 밤에 탈출을 시도했다가 날이 개어 실패한 것도 두 번이나 있었다고 설명을 자세히 한 후에야 누나는 진정되었다. 어머니는 누나를 붙들고 일어나 "하나님! 감사합니다! 인선이가 살아 있게 하시고 우리를 구름기둥으로 인도하시어 이렇게 반가운 얼굴로 만나게 해주신 하나님의 놀라운 은혜에 감사와 찬송 드립니다. 이제 남쪽에 가서 사랑하고 귀한 당신의 아들 광선이를 만나게 해 주시옵소서" 하고 기도하시고 나서 또 부둥켜안고 닭똥 같은 눈물을 흘리며 울었다. 누나와 어머니가 그렇게 큰소리로 슬피 우는 걸 후에도 보지 못했다.

인천 상륙

그 수업도라는 섬에서 이틀을 지낸 후에 수많은 사람들을 제치고 인천 가는 배를 탔다. 그 배에는 우리처럼 고생하며 구사일생으로 살아남아 있는 끈질긴 사람들로 가득 찼다. 하루 종일을 가도 끝은 안 보였지만 바다를 처음 보는 우리는 이렇게 깊고 많은 물을 본 적이 없어 참 신기해 했다. 교회에서 형님이 동화 설교한 그 갈릴리 바다로구나. 예수님이 이런 무서운 바다 위로 걸으셨단 말인가, 혼자 생각하면서 예수님은 참 대단하신 분이구나 생각했다. 그러나 나는 무엇보다 바닷물이 짜다는 것이 더 신기했고 궁금했다. "어머니! 이 물이 다 짠 거야? 이 바다는 어디까지 뻗어 있는 거야? 어떻게 이렇게 물이 많은 거야?"고 물었다. 어머니는 신기하게 바라보는 우리를 보고 미소를 지으면서 "이젠 살았다" 했다. 내가 물어본 말에는 대답도 안 하시고 그저 우리를 바라보면서 "이젠 살았어" 하며 눈시울을 적셨으나 삶의 희열을 느끼시며 기뻐하시는 것 같았다. "어머니, 이젠 우리가 어딜 가는 거죠?" 하고 물었다. "우리는 이제 형을 만나러 가는 거야." "형님은 어디 있는데?" "모르긴 하지만 부산에 있다고 얘기를 들었는데 인천에 가서 좀 더 알아봐야지" 하셨다. 인천은 어디에 있고, 부산은 어디에 있는지 물어보고 싶었는데 어머니가 너무 피곤해 하시는 것 같아 더 물어보지 못하고 물 이외에는 아무것도 보이지 않는 바다만 바라보았다.

 날이 저물어 어머니 하고 불렀다. "어머니, 밥 없어?" "응, 없어." 밥을 해 먹어야 하는데 물이 없다는 것이다. "물이요? 이렇게 물이 많은데 물이 없다니." 이 물은 소금물이라 밥이 안 된다는 것이다. 바다가 짠 이유가 소금 때문이란 것이다. 그래도 배고픈데 바닷물로 밥 좀 하라고 졸라댔다. 어머니는 내 성화에 바닷물로 쌀을 씻어 밥을 지었는데 어머니 말대로 밥이 안 됐지만 너무 배가 고파 철선 형과 나는 익지 않은 밥을 다 먹었다.

 이틀 후에 인천항에 도착했는데 설사를 하고, 배 멀미로 어지럽고,

머리도 아프고, 토하고 도저히 걸을 수가 없어서 두어 시간 정도 부둣가 돌판 위에 누웠다. 누나도 철선 형도 어머니도 모두 아무데나 누워 쉬었다. 배에 탔던 많은 사람들도 우리와 같았다.

큰형과의 만남

인천 제일교회라는 곳에 갔는데 목사님 댁에 방 하나를 주어 그곳에서 머물기로 했다. 얼마나 편하고 좋은지 목사님과 사모님이 얼마나 친절하고 인자하신지 '이런 곳이 천당이구나. 주일 학교에서 듣던 천사가 여기에 있구나!' 하고 생각했다. 후일에 안 사실이지만 인천 제일교회 담임목사는 '이기혁' 목사님이었다. 내가 필그림 합창단에 있을 때 지휘자 '이동훈' 선생님의 부친이시고 현재 새문안교회 '이수영' 목사님의 조부 되시는 분이다. 그곳에서 김봉화 집사님(김행자 어머니)을 만났고 같이 숯골에 있던 장 집사도 만났다. 꿈만 같았다.

한 달쯤 그곳에서 살다가 부산 가는 기차를 탔다. (아마도 인천에서 서울에 가는 기차를 타고 부산행 기차를 또 탄 것 같다.) 우리는 부산역에 도착하였고 어머니는 역 대합실에서 우리보고 어디 가지 말고 꼭 여기에 있어야 한다고 타이르시고 누나와 함께 평안교회를 찾아야 한다고 하시면서 떠나셨다. 가마니 깔고 형과 나는 누워서 쉬고 있는데 경상도 사람들이 얘기하는 걸 전혀 알아듣지 못해 형과 나는 말 흉내를 내며 낄낄거리고 웃고 웃으며 시간을 보냈다. 어머니는 '평안교회'를 찾지 못해 부산역 대합실에서 2~3일을 더 보냈고, 마침내 어머니는 평안교회를 찾으시고 우리를 데리고 그 교회로 갔다. 그리고 목사님 사택으로 들어가 짐을 풀었다.

그 교회 목사님은 김윤찬 목사님이셨는데 우리 아버지와 친구였다고 한다. 김 목사님이 큰형은 해군에 입대하여 지금은 진해에 있다고 하셨다. 어머니는 기뻐 어쩔 줄 몰라 했다. 어머니는 진해가 어디에 붙어 있는지 그곳은 어떻게 찾아가는지를 몰라 찾아가는 길을 자세히 물어 아침 일찍 버스를 타고 진해로 떠났다.

이틀 후에 진해에서 돌아온 어머니는 혼자였다. "형님은?" 하고 물으니 형님을 만난 재회의 기쁨을 털어놓으셨다. 세라복을 입은 해군들이 북적대는데 그렇게 많은 멋진 군인들을 처음 보았다고 한다. 면회실에서 한참 동안 형님을 기다리자 마침내 미남 해군이 나타났는데 형 얼굴에서 광채가 나더란다. 얼마나 늠름하고 멋진지 형을 만나는 순간 정신을 잃었다고 한다. 형님께 인선, 철선, 만선을 데리고 부산까지 피난 나온 경위를 자세히 말씀드렸고, 형님은 서평양에서 기차 꼭대기에 올라 앉아 피난 나온 얘기며, 기차가 가다 서면 기차에서 내려와 동생들을 찾아다녔으나 허사였다는 얘기를 늘어놓았다고 한다. 어머니는 흥분하셨고 정말 기쁜 일이었다. 이산 가족 상봉이었다. 하나님은 정말 살아 계신다고 우리를 데리고 기도하셨다. "살아 계신 하나님! 참 감사합니다. 우리를 여기까지 인도하여 가는 곳마다 처소를 마련해 주시고 광선이를 만나게 해 주신 은혜에 감사드립니다. 우리 식구들이 어느 곳에 있든지 늘 함께하여 주옵소서. 아멘."

그런데 사실 우리 동생들은 형님하고 형제애를 피부로 느끼며 살

□ 아버지와 함께 축구하는 가족

지는 못했다. 아버지는 강계에서 후창 그리고 중암, 별하, 많은 교회를 옮겨 다니며 목회 일을 하셨는데 형님은 어디에서 살고 있었는지도 모르거니와 집에 잠깐 왔다가 아버지하고만 대화를 하시고는 떠나 버렸다. 형님은 강계에서 중학교를 졸업하신 것으로 기억하는데 학교에서 매번 전교 일등만 하는 수재라고 아버지가 늘 말씀하시며 칭찬하신 것만 기억된다.

평양 근교 용악리교회에서 시무하실 때 형님은 주말이면 집으로 와 우리와 축구도 하고, 교회 아동 예배 때 동화를 해 주었는데 그때 들은 동화설교를 나는 아직 기억한다. 그 당시 형님은 최연소 평양신학교에 1학년생이었다고 기억된다. 이렇게 웅선 형, 철선 형과는 함께 뛰어 논 추억이 많은데 큰형님하고는 재미있던 추억이 없어서인지 형님을 어려워했고, 선생님 같고, 우상 같은 공부벌레지인 형이었다. 형님도 어머니와 동생들과 애틋한 사랑을 못 느끼며 살았을 것이다.

큰형님은 냉정한 분이셨고, 지금도 그렇다.

아버지가 돌아가시고 장례를 치른 후 우리 식구들이 다 모여 앉아 대화를 하는 도중 나는 형님께 부탁을 했다. (나는 어린 내가 형님께 어떻게 그런 말을 했는지 아직 모른다.)

"형님! 아버지가 돌아가셨으니 이제부터는 형님이 아버지 역할을 하셔야 되겠네요."

내 말이 떨어지자마자 노발대발하시는 거다.

"야! 만선아. 아버지는 아버지고, 형은 형이다. 아버지와는 촌수가 1촌이고 형제간은 2촌이란다. 아버지 역할이 있고, 형의 역할이 있는데 너희들은 각기 자기 역할을 다해야 하는 거야."

이 한마디로 무섭게 호통을 치고 밖으로 나간 기억이 난다. 나는 지금도 형이 무섭기도 하고, 존경스럽기도 하다.

미실회와 순혜원

어머니는 진해에서 큰형을 정말 반갑게 만나고 돌아와 형님 말씀을 할 때 형님이 평양에서 나에게 말씀하시던 그 엄했던 형님이 떠올랐다. 그 후 부산 영주동 산중턱에 판잣집을 마련하여 그곳에서 몇 년을 지내면서 나는 부산 봉래초등학교에 다녔고, 형님이 수소문을 해 목사 순교자 모자원을 찾아 우리는 '미실회'라는 곳으로 옮겨 집 같은 집에서 사람답게 살게 되었다. 약 50세대가 살고 있었고, 미실회에서 사모님들은 바느질을 하여 생계를 이어갔다. 철선 형과 나는 오산중학교에 진학하였고, 내가 중2 때 서울에 올라와 목사 순교자 가족들이 사는 '순혜원'이란 모자원으로 이사해 그곳에서 학교를 다녔다. 누나는 일찍이 서울에 올라와 행자네 집과 교회 교인들 집 이집 저집 옮겨 다니며 고생하면서 열심히 공부했다고 한다. 서울 장충동에 소재한 순혜원에서의 생활 역시 고달팠다.

현리교회

중3 때 어머니는 강원도 현리교회에 전도사로 가셨다. 나는 그 당시 어머니가 현리교회로 왜 가셨는지 정확히 알지 못했다. 첫째 이유는 우리 생활이 너무 어려워 우리 학비 마련도 해야 하고 생활비가 없어 우리를 위해 교회 전도사로 가셨을 것이다. 둘째는 현실 도피가 아닌가 한다. 나는 어머니가 의붓어머니라는 것을 확실히 알았고 그것을 안 이후는 장충동에서 원효로에 있는 오산학교까지 걸어서 통학을 했다. 어머니한테 전차표를 달라는 말, 용돈 달라는 말을 하기 싫어서 어머니를 피하였다. 이 녀석이 엄마한테 말도 하지 않고, 어머니를 어머니라고 안 부르고 왜 저러는지 꽤 속상해 하셨을 것이다. 사춘기라서 그런 건지, 아마도 어머니는 많이 괴로워하셨을 것이다. 그 이유로 어머니는 멀리 있는 현리교회로 가신 것이

□ 현리교회

아닌가 생각했다.
 어머니는 아주 엄하셨다. 애비 없는 애들이지만 예절도 배워야 하고, 공부도 잘해야 할뿐더러 교회에도 빠짐없이 나가야 하고, 남에게 존경받는 사람이 돼야 한다고 언히 다스렸디. 애비 없는 자식들이니 아버지보다도 더 심하고 엄하게 회초리도 들었고, 꼬집기도 하고 때리기도 하셨다. 철선 형과 나는 동네에서 제일 장난꾸러기였으니 어머니가 오죽 하셨을까? 이런 어머니가 현실 도피를 하신 게다.
 물론 첫째 이유였겠지만, 당시 나는 둘째 이유에 생각을 실었다. 어머니가 현리에 가셨는데 우리 형제는 막 해방된 기분이었다. 누나도 꽤 좋아했던 것 같다. 그러나 그 기분은 오래가지 못했다. 밥은 누가 하고, 등록금은 누가 주느냐 말이다. 학교 가면 담임선생은 등록금을 못 냈다고 어머니를 데려오라고 했다. 어머니 대신 누나가 가야 했다. 그래도 나는 어머니가 안 계셔 좋아했다.

　한번은 누나가 도시락을 싸주는데 김칫국물이 흘러 전차 안에서도, 버스 안에서도 매일 냄새가 진동해 점심도 싸 가지고 다니지 못해 친구들 밥을 얻어먹고 다녀도 나는 정말 좋았다. 유행하는 나팔바지도 맘대로 뜯어 고쳐 입곤 했다.

　세월이 흘러 숭실대학교 경영학과에 입학을 했고, 1962년 대학교 3학년 2학기 때 늦은 나이로 공군에 입대하게 되었다. 누나는 결혼을 했고 철선 형은 직장에 다니면서 혼자 살고 나 혼자 자취하고 기숙사에서 공짜로 기숙하기도 하고 친구 덕에 하숙도 하였지만 더 이상 혼자 생활할 수 없어 군에 입대하기로 결심하고 친구들 여러 명을 데리고 공군에서 신체검사를 받고 시험에 합격해 입대를 했다. 군에 들어가니 먹고 자는 것을 해결해 주는 곳이 군대로구나 생각했다. 그래서 나는 하사관(직업군인)에 편입하려고도 했다.

어머니와 탕자

　　　　　　　당시 어머니는 수원 서둔교회에서 전도사로 약 4년 동안 시무를 하고 계셨다. 내가 수원 10전투비행단에 배속받아 군복무를 하던 터라 외출하면 시외버스 타고 주로 서울에 올라가 친구들 하고 지내다 부대로 귀대하곤 했다. 어느 날 주말에 외출하였는데 (사실 그날은 갈 데가 없었다.) '그래! 어머니한테 가 보자!' 생각하고는 단숨에 어머니가 계시는 서둔교회를 찾았다.

어머니를 뵈었을 때 어머니가 나를 반기는 모습은 마치 탕자가 집으로 돌아온 아들을 대하는 듯했다. 닭을 잡고, 돼지고기를 삶아 당신이 농사지었다는 상추 등 진수성찬을 차렸다. 어머니 음식솜씨는 잘 알려져 있었다. 나는 저녁상 앞에 앉아 어머니가 들어오시기를 기다렸는데, 어머니는 눈이 벌써 벌겋게 상기되어 방으로 들어오셨다. 부엌에서 울고 계셨던 것이다. 밥상에 앉아 "먼저 기도하자" 하시고는 눈 감고 한참 계시다가 "하나님" 하고 또 우셨다. 나도 눈물을 참을 수 없어 함께 울었다.

"하나님, 감사합니다. 아들을 보내주셔서 감사합니다. 괴롭고 험한 인생길을 하나님이 인도해 주셨고, 오늘 사랑하는 아들 만선이와 밥상을 마주했습니다. 이 아들이 누구의 아들입니까, 제 아이가 아닙니다. 하나님 종의 아들입니다. 하나님의 자식들입니다." 그러고는 더 잇지를 못하고 엎드려 우시는 게 아닌가. 어머니, 제가 잘못했어요. 어머니 사랑을 제가 무지해서 알지 못하고 미워했습니다. 저를 용서해 주세요. "아버지 하나님!" 하고 나도 모르게 기도를 했다. "저를 용서해 주십시오. 어머니의 깊고 넓은 사랑을 이제야 깨달았습니다. 하나님! 감사합니다. 감사합니다!" 더 이상 나도 기도를 할 수 없었다. "어머니 용서해 주세요." "그래, 어서 밥 먹어라" 하는 어머니의 모습은 천사가 따로 없었다.

수원 서둔교회

다음 날 주일 아침이 되어 교회 주일 낮 예배를 마치고, 어머니는 나를 데리고 목사님을 만나 인사를 하고 목사님께 나를 소개하셨다. 우리 만선이가 후암동에 있는 영주교회에서 고등부 성가대 지휘를 했고, 지금은 영락교회에서 성가대를 하고 있고, 필그림 합창단에서 봉사를 하고 있다고 하면서 누나처럼 노래를 잘 한다고 자랑을 했다. 내 자랑을 할 게 없어서 노래를 잘한다고 하는 줄 알았다.

그 얘기를 다 들은 나선철 목사님이 대뜸 하시는 말씀이 "그러면 다음 주일부터 우리 교회에 와서 지휘자로 봉사하시는 게 좋겠군요. 그렇게 하실 수 있겠지요" 하고 미소를 지으셨다. 그 교회 청년들은 서울대 농대 학생들이 많이 있고, 그 동네 대학생들로 구성된 성가대원이란다. 조금 망설이다가 실력이 미천한지라 "목사님이 허락해 주시면 성심을 다해 봉사하겠습니다"라고 말씀드렸다.

그 후 제대할 때까지 나는 약 2년 넘게 지휘자로 봉사를 했고 주말마다 어머니를 만나 옛날 피난 나오면서 고생하던 얘기, 철선 형이 내 막염으로 힘들었든 얘기, 인선이를 수업도에 보내고 걱정하던 얘기를 하면서 어머니는 이제 할 일을 다한 것 같다며 "나는 죽어도 여한이 없다"고 하셨다. 어머니는 참 훌륭하신 분이다.

나선철 목사님은 인자하시고, 목소리가 아주 매력적이고, 설교에 많은 은혜가 담겨 있는 훌륭한 목회자였다. 나선철 목사님은 우리 봉원교회 나영선 권사님의 부친이자 장명우 장로님의 장인되신다.

유학의 꿈

　　　　　　　군 제대 후, 나는 다시 대학에 복학을 했고 기숙사 생활, 자취생활을 해 가며 학업을 이었다. 최종 목표는 졸업을 하고 형님이 계시는 미국에 유학 가는 것이었다. 목표를 정하고 열심이 영어공부를 했다. 내가 제대할 무렵에 큰형님은 1965년도에 이화여대 교환교수로 1년가량 강의를 하였고, 서울에 계셨다. 하늘같은 형님을 뵈러 서울에 와 큰형을 만나면 뜻밖에도 나를 반기셨고, 용돈도 주셨다. 언제인가 군에서 외출해 형님과 만나 얘기할 기회가 있었는데 형님이 뉴욕에 있는 유니온 신학교에 다니면서 미국에서의 유학생활에 대해 말씀하시고는 너희들은 도대체 어떻게 학교에 다니고, 어떻게 생활을 하고 있으며, 어머니의 교회 생활 등 자세히 물으셨다.

　나는 당시 무슨 얘기부터 해야 할지 몰라 멍했다. 아니, 형님이 지금 우리 생활을 몰라 묻는 건지, 알면서도 묻는 건지, 이 냉정한 형이 이렇게 다정하게 물어보시는 저의가 무엇인지 어안이 벙벙했다. "형님, 우리 잘살고 있습니다. 부족한 것은 많지만 견디낼 수 있고, 내학은 졸업할 수 있습니다." 졸업하면 무얼 할 계획이냐고 묻자 기다렸다는 듯이 "저도 미국에 유학 가려고 합니다"라고 말했다.

　"좋아! 유학하려면 첫째, 유학 시험에 합격해야 하는 거 알지. 둘째, 토플시험을 치러야 한다. 시험 성적이 우수한 학생에게는 장학금을 지급해 주는데 장학금을 못 받으면 유학할 생각을 접어야 한다. 셋째, 너는 형한테 의지할 생각하지 말고 미국에 와야 한다"고 조목조목 일러 주셨다. 그때 난 형님을 다시 쳐다보았다. 예전에 누나가 서울대 음대에 재학 당시, "오빠! 나 미국에 데려가 줘. 성악가로 유명해지고 싶어요!" 이런 내용의 편지를 형님한테 보냈는데 얼마 지나지 않아 형님에게 답장이 와 누나가 너무 좋아했다. 그러나 그 기쁨은 잠시 뿐이었다. "야! 인선아! 너는 내가 여기서 호강하며 유학생활 하는 줄 아는 모양인데 나도 높은 빌딩에 올라가 유리창 닦고 청소하면서 고학을 하며 공부하고 있다"는 내용의 편지였다.

당시 형님은 시카고 일리노이 주립대학에서 철학석사 과정에 있었다. "등록금은 장학금을 받아 문제없으나 생활비는 내가 벌어서 해야 한단다. 내 생활 철학을 너에게 얘기한다. 성경에는 남을 위하고 사랑하기를 내 몸 같이 하라고 적혀 있지만 그건 예수가 하는 것이고, 나는 나를 위하고, 나를 사랑하면서 산다. 그러면 가족들도 다 잘살고 국가도 부해지는 거야. 너희를 위해 내가 희생하면 나도 잘 못 살고, 너희들이 성공한다는 보장이 없는 한 우리 모두가 잘살 수 있다는 기대는 할 수 없지 않느냐. 너희들 자신을 사랑하고 자신을 위해서 열심히 살기를 바란다." 이런 내용의 편지가 갑자기 내 머리를 때렸다. "네!" 하고 용기 있게 형님 앞에서 대답했지만, 토플시험으로 장학금 받을 만큼의 실력도 없었고 형님께 의지하면서 유학하려고 마음먹었던 것도 솔직히 사실이었다. 형님 말씀은 냉정하고 차갑게 느껴졌지만, 옳은 말씀이고 지당한 말씀이었고, 나를 염려하고 사랑하는 말씀이었다. 나는 지금도 감사하게 생각한다.

형님과 조용히 앉아 대화한 것은 짧은 시간이었지만 많은 의미를 내포한 충고의 말씀이었다. 나는 무기력한 모습으로 형님과 헤어져 부대로 귀대하면서 내가 살아온 지난날을 곰곰이 생각했다. 아버지의 죽음, 어머니와 숯골에서의 피난생활, 북으로부터의 탈출, 부산에서, 장충동 순혜원에서의 생활, 어머니와의 관계 등을 귀대하는 버스 안에서 깊은 생각에 잠겨 정말 내가 어떻게 살아왔는지를 돌이켜 보면서 회개의 눈물을 흘렸다. 나는 지금도 그렇지만 형님을 존경한다. 아버지 역할을 형이 해야 된다고 했을 때 동생들한테 "나는 아버지가 아니야, 형은 형일 뿐이다"라는 말씀은 냉정하고 차가웠지만 험한 세상을 살아가는 우리에게 생활의 나침반이 돼 주었고 '이런 형이야 말로 아버지 역할을 하시는 구나' 하고 고맙게 생각했다.

그러고 나서 형님은 5년 후, 1969년 12월에 형수님과 한 살도 안 된 아들 정실이를 안고 귀국하셨고, 이화여대 사택에서 살게 되었다. 이듬해 봄에 나를 불렀다.

형님께서 조용히 나를 살피시더니, "남에게 신세 지지 말고 형하고 같이 살면 안 되겠니? 네 형수와 의논을 했어. 네 형수도 너를 좋아 하시더라. 형이 강요하는 게 아니니 네가 잘 생각해 결정해라"고 하셨다. 형님과 함께 넓은 정원에 앉아서 형수님은 "같이 살아요, 삼촌!" 하셨다. 그분들이 얼마나 고마운지 잊을 수가 없다.

어머니와 형과의 동거

얼마 후에 나는 수원에 계시는 어머님을 찾았다. 어머니는 무릎이 아파 심방도 못 가신단다. 얼굴도 많이 야위셨다. "어머니! 이젠 교회일 그만하시죠" 했더니, "그만두면 어딜 가겠니, 내가 20년 넘게 이 마을에서 그리고 늘 교회 옆에서 살아왔는데 난 교회와 서둔동을 떠날 수 없다"고 하셨다. 그도 그랬다. 나는 아무 대책도 없는 제안을 한 거다. 번뜩 머리에 떠올라 말씀드렸다. "어머니, 형님 댁에 오라고 하시면 서둔동교회를 떠날 수 있어요? 교회 일을 그만두면 교인들을 위해서 교회를 멀리 떠나 살아야 하는 게 아닙니까?" 나는 아무 계획도, 생각해 놓은 것도 없이 말씀드렸다. 어머니는 "교회보다 형 집에서 사는 게 더 힘들지 않겠니? 다 늙은 나를 형과 형수가 왜 받아 주시니. 또 네가 사는 방 외엔 없지 않으냐" 하셨다. "어머니, 만일 형님과 형수님이 모시겠다면 아무 말씀 말고 오셔야 합니다" 하고 나는 서울로 왔다.

    1970년 어느 늦가을이었던 것 같다. 형님과 형수님하고 저녁 후에 거실에서 커피를 마시면서 한가롭게 대화를 하던 주말이었다.

    "형님! 제가 한 가지 제안하고 의논드릴 말씀이 있는데……" 하고 말 뒤를 흐렸다. 형수님이 "삼촌 뭔데 그래요. 여기서 못 할 말이 뭐 있어요"라고 하셨다. 좀 망설이다가 "어머니 말씀인데요." "왜, 편찮으셔?" 형수님이 물으셨다. "아니 그런 게 아니라 어머님이 서둔교회에 계신 지 이제 23년이나 되었어요. 이제 무릎도 아프셔서 심방도 할 수 없구요. 교인들이 그만두었으면 좋겠다고 하면 어머니는 갈 데가 없질 않습니까? 스스로 지금 이때 그만두셔야 존경을 받지 않겠어요? 또 자식들이 멀쩡하게 잘살고 있는데 어머니를 모시지 않는다고 하면 어머니도 그렇고 자식들도 그렇고 하니 어머니를 모시면 안 되겠습니까? 정실이도(1살이었다) 돌보고 집안일도 돕는 게 어떨까 해서 말씀드립니다." 형수님은 "방도 없고 무릎이 아픈 어머니가 아기를 돌볼 수 있겠어?" 하신다. 거절하시는 것 같지 않아 다시 말문을 열어 말했다. "형수님, 제가 아카데미 하우스에 방을 달라고 해서 그곳에 있겠습니다. 거리도 멀고 하니 주말에 나와 교회(이대)에 다니겠습니다." 생각 좀 하고 형님하고 의논도 좀 하시겠단다. "고맙습니다." "뭐가 고마워요. 여기 큰 형님이 계시는데 이런 제안을 해 줘서 오히려 내가 고맙죠"라는 것이었다.

그 다음 주에 다시 수원에 가서 어머니께 마음 준비를 하시라고 귀뜸하고는 서울에 왔다. 어머니는 왜 그런 말을 했냐고 야단이셨다. 어머니가 정말 더 무릎이 편찮으셔서 움직일 수도 없는 처지가 되면 교회는 물론이고 형님이 어떻게 모시겠느냐, 어머니를 돌볼 사람이 없지 않느냐고 나는 말했다. 형수님도 형님도 학교일이 몹시 바쁘기 때문이다. 어머니를 위해 파출부를 구할 형편도 아니고 어머니가 아직 누구 손에 의지해서 살지 않아도 될 때가 좋다며 교회에서도 형님 댁에서도 어머니의 건강 상태가 지금이 좋으니 마음 준비를 하시라고 했다.

그리고 난 후 형님과 형수님이 나를 다시 부르셨다. 어머니를 모시기로 했다는 말씀이셨고 삼촌은 여기 있어도 되고 마음대로 하라는 것이었다. 와— 만세였다. 한순간에 나는 그동안 어머니께 불효했던 모든 것에 보답한 듯해 기뻐했다. 어머니는 끝까지 "싫다" 하셨지만 나는 어머니를 설득했다. "나도 누나도, 철선 형도 어머니를 모실 처지가 아니질 않습니까? 저는 형님, 형수님께 정말 감사하게 생각합니다. 어머니 거절하지 마세요. 이 길밖에 없습니다" 하며 간곡하게 부탁의 말씀을 드렸다. 어머니도 생각해 보면 내 말이 옳은 것 같다. 형님, 형수님께 고맙게 생각하는 내가 옳다. 형님은 우리처럼(누나, 철선형, 나) 어머니의 애틋한 사랑을 가져 보지 못했다. 사랑은 둘째 치고 같이 살아본 적도 없는 사실상 남이 아닌가. 그러나 형님은 동생을, 특히 막내동생 만선이의 간곡한 부탁을 들어주신 거다. 어머니도 형님과 같은 생각을 하시고 거절하신 것 같다. 아버지가 가장 아끼고 사랑했던 광선이, 천재 아들 아닌가. 그래서 숫골에서 하셨던 말씀이다. "나는 너희들은 다 버려도 광선이는 내가 꼭 찾아야 한다." 어머니는 사랑보다 임무였고 의무였다. 이런 모자간의 간격을 나는 허물었다. 어찌 내가 만세라고 하지 않겠나 말이다. 어머니도 서울 형님 댁에 오셔서 너무 기뻐하셨다. 그때가 1971년 봄이었다.

그때 어머니가 찾은 교회가 봉원교회다. '이원태 목사님을 뵙고 1971년 3월 7일에 봉원교회에 등록을 하셨다'고 기록되어 있다. 조용하고 경건하게 예배드리는 모습이 마음에 쏙 든다고 하셨다. 어머니는 우리 자손 모두를 봉원교회에 인도하셨다.

나의 가족

그 이듬해 1972년 7월에 나는 미국이 아닌 인도로 유학길에 올랐다. 콜롬보 플랜 학교colombo plan scholarship로 3년 과정으로 호텔경영학을 공부하러 갔다. 아카데미 하우스에서 3년 가까이 일한 경력으로 과학기술부에서 치르는 시험에 합격하여 인도로 유학 가게 되었고 그 후에 귀국하여 조선호텔과 롯데호텔에서 30년간 마케팅 디렉터로 그리고 객실 영업 본부장으로 소신껏 일하고 퇴직하였다.

　인도 하면 빼놓을 수 없는 큰 사건이 있어 또 하나 쓰려 한다. 안사람을 만나 결혼을 하게 된 사건이다. 1972년 8월 하순경, 한국에서 최고의 무용단이 공연하러 온다는 것이었다. 나는 최고의 무용수들이 40명이나 오는데 이런 호기를 놓칠 수 없으니 좋은 배필을 찾아 결혼을 하겠다고 노신영 대사님과 직원들 앞에서 공언을 했다. 나는 말대로 무용단들이 도착한 그날 대사님 댁 정원에서 김옥경 여인을 만나게 되었고 반기문 영사는 협조를 많이 해주었다. 국립극장에서 황홀한 한국무용 공연을 마치고 한국으로 돌아간 그녀와 약 3년간 인도에서 편지로 만리장성을 쌓았다.

　내가 한국으로 귀국할 때는 숙명여고에서 무용선생으로 있었고, 1974년 5월 22일에 학교로 찾아가 반갑게 만났고, 악전고투 끝에 1975년 10월 10일에 드디어 결혼에 골인했다. 결혼 후 아내는 서울예술대학에 한국무용 전임강사로 부임했다. 그 후 이화여대, 연세대, 한국예술종합학교 외래교수로 그리고 경기대학에서 겸임교수로 재직했다. 안타깝게도 2006년에 위암 2기로 판명되어 위 수술을 했지만 하나님의 사랑으로 이제는 많이 회복되어 교회에서 성심을 다해 권사로 봉사하며 하나님과의 약속을 지키려 하고 있다.

　지금 딸 서경실과 아들 서훈실 1남 1녀를 두었다. 경실은 재즈 음악가 김유식과 결혼하였고 아들 훈실은 32세인데 장가갈 나이이다. 현재 삼성 제일기획에서 과장 대리로 일하고 있다.

아버지도 46세라는 짧은 삶이었지만 하나님과의 약속을 지켜 순교한 분이 아닌가? 어머니도 하나님과 아버지와의 약속을 지켜 그 어려운 북한 땅에서 우리를 끌고 내려와 아들딸을 지켜 주셨고 순교한 아버지를 품에 안고 신앙을 지켜온 분이셨다.

어머니 임종 시 식구들이 모두 둘러 앉아 어머님의 죽음 앞에서 유언을 부탁했다. "내 유언은, 예수를 잘 믿어라!" 한 마디셨다. "그 외는요?" 하고 내가 다시 물었다. 어머니는 힘을 내어 다시 말씀 하셨다. "순교한 아버지를 따라 예수 잘 믿어라! 그 외엔 없다" 하시고 눈을 감고 숨을 거두셨다. 형님 댁에서 어머니는 1995년 1월 11일 87세로 생을 마감하셨다. 용인에 묻힌 어머니 무덤 앞에 세운 비석에 새겨 놓은 글귀를 마지막으로 적고 글을 마친다.

여기에 순교한 목사의 아내로 남편의 신앙을 지켜온 한 여인이 산 빛에 누워 있다.

박해와 순교
– 교회사학자 사위의 특별기고

홍경만

□ **사위 홍경만(洪景萬)**
1934년 평북 구성군 서산면 출생. 서울대학교 사범대학 역사과, 연세대학교 교육대학원(교육학 석사), 숭실대학교 대학원 졸업(문학박사). 신구대학 교수(1979-2002), 예수교 장로회 봉원교회 원로장로.

1. 서문

2010년 4월 28일 「크리천투데이」 신문에는 2008년 중반에서 2009년 중반까지 사이에 전 세계에서 순교한 기독교인이 17만 6,000명이라는 기사가 실렸다. 전 세계 10개국에서 이렇게 많은 기독교도가 살해되었다는 것이다. 이 10개 국가는 북한, 라오스, 이란, 아프가니스탄, 예멘, 모리타니, 사우디아리비아, 소말리아, 몰니브, 우스베키스탄 등인데 그중에서 북한과 라오스는 공산국가이며 나머지 8개국은 이슬람 국가다. 결국 이슬람 국가가 기독교도를 그 신앙상의 이유로 박해한 것으로 보는 것이다.

순교라고 하면 고대 희랍제국에 의한 유대교도의 박해, 로마제국의 기독교도 박해, 종교개혁 시대의 신·구교 대립으로 인한 박해, 조선조 말기 천주교에 대한 박해, 일제 강점기 일본인들에 의한 박해,

6·25 전쟁 중 공산군에 의한 박해 등으로 목숨을 잃은 사람들을 떠올리게 되는데 요즘 세상에서도 박해와 순교가 있다는 보고는 매우 놀라운 일이다. 결국 박해와 순교는 인류가 종교를 가지기 시작한 때부터 계속 있었고 현재에도 종교적 박해와 순교는 계속되고 있는 것이라고 보아야 할 것이다.

그런데 이들이 순교한 이유가 뚜렷하게 이교도에 의한 기독교도의 신앙상의 문제로 볼 수만은 없는 것이라는 생각이 든다. 이슬람교도가 기독교도의 신앙을 문제 삼아 기독교도를 박해했다고만 볼 수는 없다. 지난 2007년 7월 19일 분당 샘물교회 목사와 교인 23명이 아프가니스탄에서 납치되어 배형규 목사 등이 살해된 사건은 탈레반이 아프가니스탄에 주둔하고 있는 한국군을 철수시킬 것과 아프가니스탄 정부에서 체포한 탈레반 수감자 석방을 요구하기 위해 인질로 납치한 사건이었다. 이때 살해된 사람들은 이슬람교도들에게 그들의 정치적 목적으로 인하여 죽임을 당했으나 이들을 순교자로 보아야 할 것인가 하는 것이 문제로 되기도 했다.

이처럼 박해나 순교의 이유와 목적이 다양하다. 고대로부터 현대에 이르기까지 동서양을 막론하고 박해와 순교의 양상이 다양하게 나타난다. 이 글에서는 서양에서 유대교인과 기독교도의 순교의 다양한 형태, 한국을 중심으로 동양에서의 불교도, 천주교도, 기독교도들의 순교의 형태들에 대하여 서술하려고 한다.

2. 순교란?

순교의 한자어 殉敎에서 '殉'이라는 글자는 "죽은 사람 따라 죽을 순"이라고 풀이한다. 즉 이 글자는 순장殉葬을 의미한다. 순장이라는 것은 고대 사회에서 왕 또는 귀인貴人이 죽으면 살았을 때 시종 들던 사람들이 자발적으로 또는 강제로 살해되어 귀인과 같이 묻히는 일을 말한다. 이집트에서는 궁녀 275인과 신하 43명이 함께 묻혀 있는 왕의 무덤이 발견되었다고 한다. 이처럼 순장은 동서양을 막론하고 존재했던 것이다.

『삼국사기』 지증왕 3년조에 보면,

"왕이 순장을 금하는 영을 내렸다. 전 임금 소지왕이 죽었을 때 남녀 각각 5명을 순장하였는데 이때 비로소 금했다"라고 기록되어 있는 것으로 보아 삼국시대에도 순장의 습관이 있었던 것 같다. 순교와 순장은 다른 뜻이지만 누군가를 위해서 죽는다는 의미에서 보면 비슷한 뜻을 갖는 것이라고 볼 수 있다.

순교라는 말은 사도행전 1장 8절에,

"오직 성령이 너희에게 임하시면 너희가 권능을 받고 예루살렘과 온 유다와 사마리아와 땅 끝까지 이르러 내 증인이 되리라"

라고 한 구절에서 유래한다. 곧 '증거'라는 희랍어 Martys에서 순교(Martyrdom)라는 말이 생겨났다. 따라서 원래는 그리스도의 생애와 부활을 증거한다는 뜻이다. 이 단어가 그리스도를 증거하며 자기의 신앙과 진리를 고수하다가 박해를 받거나 생명을 잃는 일을 가리키게 되었다. 한국 천주교에서는 '순교'라는 말 대신 '치명致命'이라는 말을 쓰기도 했다. 천도교天道敎(東學)에서는 순도殉道라고 한다.

불교에서는 진리를 구하기 위해 신명을 다 바치려는 구법求法 구도求道정신을 순교라고 보고 있다. 또는 중생을 구하기 위해 자신의 몸을 버리는 사신공양捨身供養을 의미한다. 즉 일체의 번뇌에서 벗어나 열반涅槃(Nirvana)의 경지에 들어감을 말하는 것이다. 이렇게 보면 불교의 순교 개념은 자신의 목숨을 자신이 끊어 버리는 것이 순교라는 의미로 볼 수 있으나 실제에 있어서는 많은 불교도가 다른 세력에 의해 살해당한 경우가 많이 있었던 것이다. 결국 기독교의 진리와 신앙을 지키고 그리스도를 증거하기 위해 몸을 바치는 일을 순교라 한다는 뜻과 상통하는 것이라고 보인다.

이슬람교에서는 샤히드Shahid 또는 샤히다Shaheeda라고 하는데 이것은 증거witness라는 뜻이라 하며 원래 이슬람교 계명을 준수하는 것을 말하는데 현실적으로는 그들이 말하는 지하드Jihad(聖戰)에서 목숨을 바치는 일을 말하게 되어 순교(martyrdom)와 같은 뜻으로 쓰이고 있다는 것이다. 그런데 어떤 상황을 순교라 하며 어떤 상황에 처했던 사람을 순교자라 하는가 하는 것이 문제가 된다. 가령 예수의 12제자 중에서 유일하게 순교당하지 않고 94세까지 장수했던 사도 요한을 순교자라고 한다. 로마 가톨릭의 전승傳承에 의하면 요한은 파트모스 섬에 유배되기 전 로마에서 끓는 기름 가마에 던져졌으나 아무런 해도 입지 않고 살아남는 이적을 보여주었다는 것이다. 마치 극렬하게 불타는 풀무불 속에서 머리털 하나 타지 않고 살아나온 사드락, 메삭

아벳느고에 관한 「다니엘서」의 이야기를 연상케 한다. 그리고 기름가마에서 살아난 사도 요한의 기적의 이야기를 전해 들은 로마 시민들이 다수가 기독교로 개종하였다고 하는 것이다. 사도 요한은 섬에 유배당하는 등 여러 가지 박해를 받았으나 94세까지 그리스도를 증거한 사람인 것이다. 순교(Martyr)라는 말이 증거한다는 뜻이라면 그도 역시 순교자인 것이다.

지난 2007년 2월에는 장로교, 감리교, 성결교 등 각 교단의 교회사학자들이 모여 "누가 순교자인가"라는 제목으로 학술 세미나를 열었다. 그 자리에서 감신대학교의 이덕주 목사는 "순교란 그리스도 복음을 믿고 이를 증언하다가 그 일로 인해 고난과 죽임을 당하되 타협이나 배교로 죽음을 피할 수 있었음에도 이를 거부하고 기꺼이 그리스도를 위해 죽음을 선택하여 자신을 희생한 행위"라고 정의하였다. 그러나 고신대학교의 이상규 교수는 순교를 '적색 순교(피흘림)'와 '백색 순교(피 흘리지 않음)'로 나누면서 죽임을 당하지 않고 신앙 고백적 삶을 살다 간 사람들도 중요하게 보아야 한다고 말했다.

이렇게 보면 어떠한 경우가 순교인가, 어떤 환경에서 죽임을 당하거나 고난을 받은 사람을 순교자라 하는가라는 것을 명확하게 구분하기가 쉽지 않을 것 같다.

313년 콘스탄티누스 황제가 밀라노 칙령을 내려 기독교를 공인한 후 기독교도에 대한 박해가 끝났다. 이때 기독교 측에서는 박해의 시대를 교회의 영웅시대로 회고하면서 수많은 순교자 전기傳記를 만들었다. 이런 경우 당연히 박해자는 악마로 표현되면서 순교정신을 높이 평가하게 되었다. 그리고 이러한 영웅적 전기는 중세를 통하여 교회에 자신감을 더해 주는 힘이 되고 있었던 것이다.

그러나 독일 프로테스탄트 학자들 사이에서는 순교자 전기에 대해서 비판적 태도를 취하여 기독교도들이 처하였던 법적法的 입장이나 죄상罪狀의 성격을 세밀하게 분석해 보려는 경향이 있다. 이에 반발하여 프랑스 가톨릭 학자들은 순교자 전기를 그대로 믿고 박해의 역사를 경건한 이야기로 받아들이려는 경향이 있다. 그러나 오늘날에는 냉정하고 균형 잡힌 판단을 내리는 것이 문제로 등장하고 있는 것이다. 가령 로마제국의 박해는 전승에 전해지는 대로 그렇게 계속적인 것도 아니었고 그렇게 처참한 것도 아니었으며 한편으로는 많은 배교자를 배출하기도 했다는 것이다.

이와 같은 순교자들에 대하여 전 세계에서 기념사업이 이루어지고 있다. 로마 교황청에서는 순교자들을 시복諡福 또는 시성諡聖하고 있고, 다른 여러 나라에서도 기념관을 세우거나, 기념탑, 기념비, 기념 동상들을 만들어 기념하고 있다. 한국에서는 천주교에서 1939년에 〈조선 천주교 순교자 현양회〉를 조직한 일이 있다. 그러나 총독부가,

"왕명에 불복하고 자기들 신앙을 위하여 죽은 사람들을 현양한다는 그 정신은 대일본제국 천황 폐하의 명령도 자기들 신앙에 맞지 않으면 죽을지언정 복종치 않겠다는 사상도 은연중 포함된 것이니 이것을 허락할 수 없다"

고 하여 현양회 조직을 불허했던 것이다. 그리하여 해방 후 1946년에 가서야 현양회가 조직되었다.

개신교에서는 1984년 20개 교단 연합으로 결성한 〈한국기독교 100주년 기념사업회(이사장 한경직)〉가 중심이 되어 용인에 〈한국 기독교 순교자 기념관〉이 설립되어 순교자 사진 102점과 202명의 순교자가 사용했던 유품들을 전시하고 있다.

이 글에서는 기독교뿐만 아니라 유대교, 이슬람교, 불교 및 기타 종파에서의 박해와 순교의 예를 들어 기술하려 한다.

3. 여러 가지 박해와 순교의 예

(1) 희랍 지배하에서의 유대교도의 순교

구약성서 외경外經 「마카베오하」 7장에 보면 유대인 어머니와 일곱 아들의 순교 이야기가 나온다. 시리아 왕 안티오코스 4세Antiochos IV Epiphanes(BC 175-163)는 팔레스틴을 지배하기 위하여 헬레니즘 정책을 강요하였다. 예루살렘 성전에 제우스 신상을 세우고 유대인들에게 유대교의 율법을 버릴 것을 강요하였다. 안티오코스는 왕명을 어기고 율법을 지키려 한 어머니와 일곱 명의 아들을 차례차례 죽였는데 채찍질, 혀 자르기, 돼지고기 먹이기, 가죽 벗기기 등 가장 잔인한 방법으로 죽인 것이다. 이들이 모두 굴하지 않고 율법을 지킬 것을 고집하며 죽어 가는 것을 보고 안티오코스는 자신이 멸시당했다고 생각하고 점점 더 가혹한 방법으로 처형한 것이다. 이들은 유대교 신앙을 위한 순교자인 것이다.

이때 유다스 마카베오스(?-BC 151)가 주동이 되어 동지들과 친족들을 불러 모아 군대를 조직하여 대항하였다. 이것이 마카베아 전쟁(BC 168-141)이다. 전쟁 지도자인 마카베오스가 전사한 후에는 시몬이 뒤를 이어 유대의 군대를 지휘하여 안티오코스 6세를 패사시킴으로써 유대가 독립하여 하스몬 왕조가 들어서게 되었다. 하스몬 왕가는 기원전 37년 헤롯이 왕위를 찬탈할 때까지 계속되었다. 이 전쟁에서 죽은 사람들은, "세계의 왕은 율법을 지키다가 죽은 우리를 영원한 생명으로 다시 살리실 것이다"라고 외치면서 죽어 갔다고 한다. 따라서 이들은 엄격한 유대 율법을 지키기 위한 순교자라고 하겠으나 한편 유대의 독립이라는 정치적 목적과 결부되어 있는 것을 볼 수 있다. 즉 순교자임과 동시에 순국자인 것이다.

유대교의 순교관은 유대 민족국가의 영광에 뿌리를 두고 있었다. 순교자 개인의 구원은 유대 민족 전체의 구원과 함께 이해되는 것이었다. 유대인에게 순교는 민족주의의 극단적 표현이었던 것이다. 즉 소극성과 편협성을 극복하지 못했다.

기독교 사학자들은 이와 같은 소극성과 편협성을 뛰어넘은 것이 예수 그리스도의 순교라고 하면서 "예수는 전 인류의 죄를 대속하기 위하여 십자가에 못 박힌 것이다. 따라서 예수 이름으로 순교하는 것은 인류 역사상 새로운 시대가 열린다는 적극적 증거가 되는 것이고 민족의 틀을 넘어선 보편적 성격을 띠게 되는 것이다. 율법을 위하여 죽는다 해도 전 인류를 구원할 수는 없다. 전 인류의 죄를 대속하기 위해 죽은 예수 그리스도를 본받아 순교할 때 비로소 전 인류의 구원이 약속되는 것"이라고 설명하고 있다.

(2) 예수의 제자들의 순교

신약성서에는 예수의 제자들의 순교에 관한 사실은 쓰여 있지 않다. 다만 세례 요한이 헤롯의 불륜을 책하다가 참수된 사실과 스데반이 부활한 예수 그리스도를 전하다가 바리새인들에 의하여 예루살렘 성 밖에서 돌에 맞아 순교한 사실이 기록되어 있을 뿐이다.

제자들의 순교 사실은 외경外經과 전승에 의하면 대략 다음과 같다.

마태는 유대에서 전도하다가 동방으로 가서 에티오피아에서 순교했다고도 하고 또는 페르시아에서, 혹은 마케도니아에서 순교했다고 하며 일설에는 자연사했다고도 한다. 그의 유해는 이탈리아 살레르노에 안장되어 있다.

안드레는 소아시아, 흑해 연안 볼가 강 지역까지 가서 전도했다고 하며 희랍의 페트라에서 X형 십자에 매달려 순교했다. 안드레는 비잔티움 최초의 주교였다고도 한다. 또한 안드레는 가톨릭, 희랍 정교회, 영국 국교(성공회)에서 성인으로 인정하고 있으며 루마니아, 러시아의 수호성인이 되었다. 특히 스코틀랜드에서는 X형 십자가를 국기로 하였고 영국과 병합한 후 영국 국기의 일부가 되었다. 희랍 정교회 콘스탄티노플 총주교청에서는 콘스탄티노플 초대 주교로 추앙하고 있다. 유해는 처음에 콘스탄티노풀에 있다가 여러 곳을 전전한 후 1964년 교황 바오로 6세 의하여 희랍의 페트라에 옮겨졌다.

빌립은 시리아 프리지아, 희랍 등지에서 선교하다가 터키의 히에라폴리스에서 십자가에 거꾸로 못 박혀 순교했다고도 하고 참수형을 당했다고도 한다. 그는 히에로폴리스 총독의 부인을 개종시켰는데 그일 때문에 총독이 화가 나서 필립을 고문하고 처형했다.

바돌로매는 소아시아의 프리기아와 리카오니아를 거쳐 아르메니아에서 선교하다가 그곳 왕에 의하여 가죽을 벗기는 형벌을 받고 거꾸로 된 십자가에 매달려 순교했다고도 하고 참수당했다고도 한다. 그의 유해는 알바노시에 매장되었다가 다시 시칠리아 섬 근처로 이장되었었는데 983년 로마를 거쳐 지금은 티베르 강 가운데 섬에 있는 성 바돌로매 성당에 안치되어 있다.

도마는 인도에까지 가서 선교하다가 힌두교도들에 의하여 순교했다고 하며 인도에는 성 토마스 교회가 설립되어 있고 교황 바오로 6세에 의하여 인도의 수호성인으로 시성되었다. 유해는 시리아에 매장되어 있다.

세베대의 아들 야고보는 유대에서 전도하다가 이베리아 반도까지 이르렀다고 하며 44년 헤롯 아그리파 1세에 의하여 참수되었으며 그의 유해는 스페인 산티아고에 있는 콤포스텔라 성당에 안치되어 있다.

다대오는 시몬과 함께 시리아와 메소포타미아에서 전도하다가 페르샤 제국에 가서 전도하던 중 그곳의 신상을 파괴하였기 때문에 화가 난 현지인들에게 순교당했다고 하며 어떻게 순교당했는지는 잘 알려져 있지 않다.

시몬은 이집트, 카르타고, 스페인, 영국, 시리아, 메소포타미아를 거쳐 페르샤에 가서 다대오와 함께 선교하다가 나무에 거꾸로 매달려 톱으로 켜서 순교했다고 한다. 다른 전승에 따르면 영국 링컨샤이

어에서 십자가형으로 순교하여 그곳에 매장되었다고도 한다.

알패오의 아들 야고보는 예수의 형제 야고보라고도 하며 바리새파들이 야고보를 예루살렘 성전으로 끌고 올라가 성전 아래로 밀어 떨어뜨리고 돌로 쳐서 죽였다고 하며 혹은 이집트에서 순교했다고도 한다.

맛디아는 가룟 유다 대신 뽑은 사도로 에티오피아에서 선교하다가 큰 도끼로 참수당하여 순교했다. 유해는 콘스탄티누스 1세의 모후 헬레나가 성지 순례 중에 발견하여 독일 트리르 지방으로 옮겨 왔다.

이 외에 순교하지 않고 94세까지 장수한 사도 요한에 대해서는 이미 언급하였고 베드로에 대해서는 후술하려고 한다.

(3) 한국 삼국시대 불교도의 순교

한국 삼국시대에는 다 아는 바와 같이 이차돈의 순교 사화에 관한 기록이 전해지고 있다.

『삼국사기』에 의하면 법흥왕 15년(528)에 왕이 불교를 받아들이려고 하는데 모든 중신들이 반대하여 뜻을 이루지 못하였다. 그때 이차돈이 "소신을 참형함으로써 중의를 결정하소서"라고 하면서 죽기를 자청하였다. 이때 법흥왕은 "내가 본시 불교를 일으키고자 함인데 어찌 죄 없는 사람을 죽일 수 있겠는가"라고 하니 이차돈이 말하기를 "만약에 불교를 일으킬 수만 있다면 신은 비록 죽더라도 유감이 없겠나이다"라고 하니 법흥왕은 이차돈의 간청을 받아 들여 내키지 않는 마음으로 그를 처형하였는데 이때 잘려 나간 목에서 흰 피가 솟아 나오는 기적이 일어나는 것을 보고 모든 중신들이 감복하여 불교를 받아들이게 되었다는 것이다. 그러나 『삼국유사』에는 이차돈이 죽기를 자청하였다고 기록하면서 한편 향전鄕傳(향리에서 전해져 내려오는 이야기)을 인용하여, 이차돈은 거짓으로 법흥왕이 사찰을 건축하라는 명령을 내렸다고 중신들에게 전했기 때문에 이차돈을 참형하였다고 기록하고 있다. 그러나 이차돈이 죽기를 자청하였다고 보는 것이 일반적인 견해다.

그런데 법흥왕은 독실한 불교 신자였다고 보인다. 그는 그의 이름을 석가모니의 아버지 이름을 따서 백정白淨이라 했고 왕비의 이름은 석가의 어머니 마야부인摩耶夫人의 이름을 따온 것이다. 법흥왕 사후에 붙여진 시호 법흥法興은 불법佛法을 크게 일으킨다는 뜻이다. 결국 이 박해와 순교는 법흥왕이 일방적으로 이차돈을 참형한 것이 아니라 하더라도 같은 불교도인 왕이 박해자가 되고 이차돈이 순교자가 된 셈이다. 물론 정치적으로 보면 법흥왕이 불교로 국가 지도 이념을 삼아 왕권을 강화하려 했고 결과적으로 왕권이 강화되었다고 볼 수 있는 것이다.

(4) 종교개혁의 선구가 된 순교자들

유럽에서는 루터의 종교개혁 이전에, 가톨릭교 측에서는 이단이라 하고 종교개혁자들은 순교자로 보는 인물들이 있었다. 영국의 위클리프, 보헤미아의 후스, 이태리의 사보나롤라 등이 그들이다.

위클리프John Wycliffe(1320-1384)는 영국 옥스퍼드 대학 교수이며 성직자며 신학자이다. 그는 로마교황의 정책에 반대하고, 성찬에 있어서의 화체설化體說(빵과 포도주가 성찬예식 때 예수의 살과 피로 변한다는 설)에 반대하였으며 수도원 운동도 비판하였다. 그리고 성서를 영어로 번역하였다. 로마 교황 그레고리우스 11세는 캔터버리 대주교와 옥스퍼드 대학에 위클리프의 설을 비난하는 교서를 보냈다. 그리하여 위클리프를 체포하려 했으나 대학에서 교황의 교서에 의해서 영국인을 체포하는 것은 불법이라고 주장하여 체포되지 않았다. 그러나 그가 죽은 후 1414년 콘스탄츠 공의회를 열어 위클리프를 이단으로 선고하였다. 그리고 12년 뒤 교황 마르티누스 5세의 명으로 위클리프의 시체를 파서 불태우고 재를 강에 버렸던 것이다. 부관분시剖棺焚屍를 당한 것이다. 가톨릭 측에서 보면 위클리프는 이단이지만 영국 국교회에서는 그를 성인聖人으로 보고 12월 31일을 축제일로 지정하였다고 한다.

위클리프는 보헤미아의 후스에 큰 영향을 주었고, 그의 학설은 뒷날 모든 종교개혁의 원리가 되었다. 개신교 쪽에서 보면 순교자인 셈이다.

후스Jan Huss(1369-1415)는 프라하 대학 졸업 후 프라하 대학 철학부장, 카알 대학 학장, 프라하 베들레헴 교회 설교자 등을 역임했다. 그는 전적으로 위클리프의 영향을 받아 주로 위클리프의 주장을 그대로 그의 학설로 하였고 특히 교황의 면죄부에 대해서 반대하였다. 그의 주장은 헝가리, 오스트리아, 보헤미아, 폴란드 등지로 퍼져나갔다. 결국 1415년 이단으로 정죄되어 화형에 처해졌다. 그리고 재를 라인 강에 뿌렸다. 후스도 가톨릭교회 측에서는 이단으로 보지만 종교개혁자들의 입장에서는 순교자인 것이다. 그리고 1419년에는 후스를 지지하는 파와 카톨릭파 사이에 후스전쟁이 일어났다. 이 전쟁은 1434년까지 계속되었다. 미국 성공회에서는 그를 성인으로 시성하여 7월 6일을 축제일로 지정하였고, 뉴욕 맨해튼에는 후스 장로교회당 건물이 세워져 있다.

사보나롤라Girolamo Savonarola(1452-1498)는 도미니크파의 수도사로 피렌체의 성 마르코 수도원장이었다. 그는 설교를 통해 피렌체의 부패와 피렌체의 지배자인 메디치가의 독재체제를 신랄하게 비판하면서 참 신앙으로 되돌아올 것을 역설함으로써 시민들을 감격시켜 그를 신봉하는 사람들이 점차 증가했다. 그는 프랑스군이 침입할 것을 예언하였는데 그 후 프랑스 군이 침입하여 메디치가를 추방하자 사보나롤라는 피렌체 공화국의 정치 고문이 되어 신정정치를 실시하였다. 이 무렵 그는 로마 교황의 제도와 정책을 비판하였다. 1497년 로마 교황 알렉산더 6세는 사보나롤라를 파문하였다. 그는 공예품이나 미술품을 사치품이라 하여 광장에 모아 놓고 불을 질렀다. 소위 '허영의 소각'이라는 것이었다. 이런 엄격한 자세 때문에 반대파의 불만이 높아졌다. 그리고 폭도로 변한 시민들이 성 마르코 수도원으로 몰려들었다. 드디어 공화국 정부는 사보나롤라를 구속하고 고문하고 교황의 뜻에 따라 재판한 후 교수형에 처하였다. 그리고 시체를 다시 화형에 처하고 그 재를 아르노 강에 버렸다. 사보나롤라는 죽음에 임하여 "내 주는 우리 죄를 위하여 죽으셨다. 나는 이 보잘것없는 생명을 주를 위하여 바쳐야 하지 않겠는가?"라는 말을 남겼다.

사보나롤라는 위클리프, 후스 등과 함께 종교개혁의 선구자로 알려졌다. 루터는 말하기를, "그때, 반 그리스도파는 그 위대한 인물의 기억을 소멸하고 그를 저주하였으나 보라 그는 살아 있으며, 그에 관한 기억은 축복을 받고 있다"라고 했다는 것이다.

(5) 영국 토마스 모어의 순교

토마스 모어Thomas More(1478~1535)는 영국의 법률가며 정치가며, 인문주의자다. 당시의 영국의 현실을 비판하고 이상향을 그린 『유토피아』의 저자이기도 하다. 그는 옥스퍼드 대학에서 그리스어, 라틴어, 신학을 공부하고 링컨 법학대학원에서 법률을 공부했다. 그는 영국 왕 헨리 8세의 신임을 받아 하원 의장을 거처 대법관Lord Chancellor이 되었다. 인문주의자이면서도 종교개혁에 반대하는 입장이었다. 당시 영국에 널리 퍼지기 시작한 루터의 사상을 막으려고 6명의 루터파 교도를 화형에 처했다. 그런데 당시 헨리 8세는 왕비 캐더린과 이혼하고 새로 안 볼린과 결혼하려 했다. 캐더린은 원래 헨리의 형 아더의 부인이었다. 그는 레위기 20장 21절, "누구든지 그 형제의 아내를 취하면 더러운 일이라 그들이 무자無子하리라"라는 구절을 인용, 형의 아내를 취하는 것은 원래 무효라고 하면서 로마 교황에게 이혼을 허락할 것을 요청했다. 캐더린은 원래 헨리의 형 아더의 부인이었는데 형이 죽자 왕위와 더불어 형의 아내도 취했던 것이다.

    그러나 교황은 이를 허용하지 않았다. 헨리는 모어의 도움을 바랐으나 모어는 이를 거부했다. 헨리 8세는 드디어 1534년 '영국 왕은 영국 교회의 지상에 있어서의 유일 최고의 머리다'라는 '수장령首長令'

을 발표했다.

그러나 모어는 교황권을 부정하는 것에 반대하는 입장이었다. 헨리는 안 볼린의 소생으로 왕위를 계승하는 규칙을 제정한 '계승법'을 반대했다는 이유로 반역죄 죄목으로 고발되어 재판을 받고 참수되었다.

모어는 1886년에 이르러 교황 레오 13세에 의하여 복자福者로 시복諡福(beatification)되고 1935년 교황 피우스 11세에 의하여 성인聖人에 시성諡聖(canonization) 되었다. 즉 순교자로 인정된 것이다. 1980년에는 영국 국교회에서도 모어를 시성하였다. 2000년에는 교황 요한 바오로 2세가 모어를 '정치인과 행정가의 수호성인'으로 선포하기도 했다.

그러나 모어는 가톨릭 신앙 때문에 죽임을 당한 것만은 아니다. 교황의 권위를 인정하려 했고 루터파를 박해하기도 했으나 실은 헨리 8세에게 반항했기 때문에 반역죄라는 명목으로 처형된 것이다.

(6) 영국왕 찰스 1세의 경우

국왕으로 참수되어 순교자로 인정된 경우가 있다. 영국 스튜어트 왕조의 찰스 1세의 경우를 말하는 것이다. 찰스 1세(재위 1625-1649)의 부친 제임스 1세는 원래 스코틀랜드의 왕이었는데 1603년 영국왕이 되어 스코틀랜드의 왕을 겸하였다(동군연합同君聯合). 제임스 1세는 47인의 목사위원회를 두어 성서를 영어로 번역하게 하였는데 이것을 흠정판 영어성서欽定版 英語聖書, King James Version이라고 한다. 제임스 1세의 뒤를 이은 찰스 1세는 우선 가톨릭교도인 프랑스 왕 앙리 4

세의 딸 앙리엣따 마리아와 결혼했기 때문에 반가톨릭파의 반감을 사기도 했다.

찰스는 왕권신수설의 신봉자로 의회와 항상 대립하고 있었다. 그는 영국 국교를 강화하기 위해 청교도를 탄압하고 스코틀랜드에까지 국교제도를 강제로 실시하려 했다. 1640년 스코틀랜드에서 반란이 일어나자 그는 영국 의회에 반란 진압 비용을 요청했으나 부결되자 의회를 해산했다(단기의회). 그러나 다시 의회를 소집하여 전비를 요청했으나 또 부결되었기 때문에 다시 의회를 해산하려 했다. 그러나 이번에는 의원들이 해산하지 않고(장기의회) 왕에 대항하여 의회군을 조직, 왕당군과 대항하였다(청교도혁명). 의회군의 지도자는 올리버 크롬웰이었다. 찰스는 의회군과의 전투에서 패하여 스코틀랜드로 갔으나 도리어 포로가 되었으며 스코틀랜드에서는 40만 파운드를 받고 왕을 의회군에 넘겨주었다. 찰스는 의회가 왕의 처리 문제를 논의하고 있는 틈을 타서 다시 도망쳤으나 곧 체포되어 의회에 설치한 최고재판소에서 사형 언도를 받고 참수되었다. 이후 영국에서는 올리버 크롬웰이 호국경護國卿이 되어 공화제Commonwealth가 실시되었다. 1658년 올리버 크롬웰이 사망한 후에는 그의 아들 리처드 크롬웰이 계승했으나 리처드 크롬웰은 1659년에 사임하였다.

의회에서는 청교도혁명 중 프랑스로 망명했던 찰스 1세의 아들 찰스 2세를 왕으로 추대하여 1660년에 왕정이 복고되었는데 찰스 2세는 웨스트민스터 사원에 묻혀 있는 올리버 크롬웰의 시체를 파내어 참수하였다. 크롬웰은 부관참시당한 것이다. 그리고 영국 국교에서는 찰스 1세가 영국 국교의 사도직 계승을 유지하려다 순교당했다는 명목으로 시성諡聖하였다.

(7) 세르베투스의 경우

종교개혁 사상가 간의 박해도 있었다. 예를 하나 들면 제네바에서의 세르베투스 화형사건이다. 세르베투스Michael Servetus(1511-1553)는 스페인 태생의 신학자며 의사며 인문주의자였다. 툴루즈 대학에서 법학을 전공하면서 한편 프로테스탄트 학생들과 비밀 모임을 갖기도 했고 이태리와 스위스 여행 중에는 많은 종교개혁 사상가들과 접촉했다. 드디어 1531년『삼위일체三位一體의 오류誤謬에 대하여』라는 책을 간행하였다. 그는 삼위일체는 성서에 근거한 것이 아니고 이것은 희랍 철학자들의 가르침에서 나온 것이라고 반박하면서 순수한 복음과 초기 교부敎父들의 교훈으로 돌아와야 한다고 역설했다. 신은 삼위로 나뉠 수 없는 것이며 삼위일체를 주장하는 한 삼위일체론자들은 기독교를 '삼위이체三位異體, tritheism' 또는 '삼신론三神論, three gods'으로 끌고 가게 될 것이라고 반박했다. 그는 또한 유아세례도 반대하고 있었던 것이다.

 세르베투스는 프랑스의 비엔느Vienne Isere에서 이단으로 고발되어 로마 가톨릭 당국에 체포되었다. 그는 자기는 세르베투스가 아니라고 극구 변명했으나 결국 투옥되었다가 곧 탈옥하여 이태리로 가는 도중 스위스 제네바에서 이번에는 제네바 시의회에 의하여 체포 구금되었다. 그리고 고통스러운 사형법인 화형火刑이 선고되었다. 이때 칼빈Calvin은 고통스럽지 않은 참수형으로 해 달라고 요청했으나 받아들여지지 않았다고 한다. 결국 1553년 그가 저술한 책과 더불어 삼위일체와 유아세례를 반대했다는 죄목으로 화형당했던 것이다. 이 사건에서 칼빈이 관용을 베풀라고 말했다고 하지만 칼빈 반대자들은 세르베투스 화형에는 칼빈의 영향이 컸을 것으로 보기도 한다. 세르베투스가 제네바에 가겠다고 했을 때 칼빈은 "당신이 바른 교리를 그토록 모욕하는 것에 대해 굳세게 맞설 수밖에 없습니다"라고 했고, 또한 친구 화렐W. Farel에게 "나는 세르베투스가 제네바에 온다면 결코 살려 보내지 않을 것입니다"라고 했다는 것이다. 뿐만 아니라 루터나 멜랑흐튼까지도 세르베투스를 이단이라고 강력히 비난하였다는 것이다.

그러나 프랑스의 신학자며, 인문주의자며 종교개혁론자인 카스텔리오Sebastian Castellio(1515-1563)는 "사람을 죽이는 것으로써 교리를 수호할 수는 없다. 다만 사람을 죽일뿐이다"라고 하면서 칼빈을 비판하였다.

세르베투스는 가톨릭 측에서나 정통 개신교 측에서 볼 때에는 삼위일체 교리를 반대하고 유아세례를 반대한 이단으로 처형당한 죄인이지 결코 순교자가 아닌 것이다. 그러나 유니테리언Unitarian에서는 유니테리언 운동에 영향을 주었다고 해서 유니테리언 최초의 순교자로 인정하고 있다. 그리고 '예수의 형제단Christadelphians', '단성론적 오순절교회單性論的 五筍節 敎會, Oneness Pentacostalism' 등에서는 세르베투스를 그들의 정신적 시조始祖로 인정하고 있다고 한다.

세르베투스 처형 350주년 기념일에 제네바의 세르베투스 처형장소에 〈세르베투스 속죄 기념비〉를 건립했다.

(8) 한국 황사영 백서사건

한국에서는 '황사영 백서사건' 이라는 색다른 사건이 있었다. 황사영 黃嗣永(1775-1801)은 정약종에게 배우고 16세에 진사과에 합격한 사람이다. 그는 정약현의 사위로 정약종에게 천주교 교리를 배워 천주교에 입교하였다. 그는 중국인 신부 주문모의 측근에서 포교활동에 참가하기도 했다. 그는 1801년 신유박해(1801)로 이가환, 권철신, 이승훈, 정약종, 최필공, 홍교만, 홍낙민 등이 처형당하는 것을 보고 충북 제천의 배론舟論에 은신하여 중국 북경 구베아Gouvea 주교에게 조선에서의 천주교도 박해의 양상과 선교대책에 관하여 비단 천에 장문의 편지를 써서 보내려 했다. 이 편지를 「황사영 백서帛書」라 한다. 그 내용은,

  (가) 서양 여러 나라에 부탁하여 조선에서 천주교를 선교할 자본을 원조해 줄 것
  (나) 청나라 황제에게 조선 조정이 선교사를 받아들이도록 강요해 달라고 요청할 것
  (다) 또는 조선을 청국의 하나의 성省으로 편입시켜 감독하게 할 것
  (라) 중국인 천주교도 중에서 열의 있는 사람을 골라 국경 책문에서 점포를 열고 통신연락 장소를 마련할 것
  (마) 서양의 군함 수백 척과 군대 5~6만 명, 및 무기를 싣고 조선 해안에 와서 조선 정부로부터 포교의 자유를 얻어내도록 강력히 요구하게 할 것 등이었다.

이 편지를 청국으로 가는 사신 동지사의 수행원 중에 편지를 전달할 사람을 몰래 끼워 넣어 보내려 하다가 발각되었던 것이다. 조선 정부에서는 이 백서를 요약하여 신유박해의 정당성을 적은 설명서와 함께 청국에 보냈다. 그리고 체포된 황사영은 11월 5일 서소문 밖에서 대역부도죄로 능지처참하였다. 그리고 이 사건으로 인하여 정부의 천주교 박해는 더 강화되었던 것이다.

신유박해는 당시 조정에서의 당쟁과도 관계가 있었던 것이다. 1800년 정조가 죽고 정조의 아들이며 영조의 증손자인 순조가 11세의 어린 나이로 즉위하자 대왕대비(영조의 계비) 김씨가 수렴청정 즉 섭정이 되었는데 이때 대왕대비는 천주교도를 진멸하라는 교서를 내렸다. 이 무렵 권력을 잡고 있던 노론 벽파(사도세자의 실덕을 비판하는 무리)가 시파(사도세자를 동정하는 파)와 남인이 대부분인 천주교도를 탄압하여 권력을 강화할 기회를 잡은 것이었다. 대왕대비는 노론 벽파와 가까운 사이였다.

황사영이 구베아 주교에게 조선을 청국에 예속시키도록 청국에 요청해 줄 것, 또는 서양의 무력으로 조선을 위협하여 포교의 자유를 얻어 내게 해 달라고 기록한 것은 당시 조선 정부에서 볼 때 분명 국가에 대한 반역 행위였던 것이다. 그러나 천주교 측에서 보면 이것이 천주교 포교를 위한 행위였고 그로 인해 죽임을 당했음으로 황사영은 순교자인 것이다. 그래서 지금 배론 성지에는 〈황사영 순교 현양비顯揚碑〉가 건립되어 있다.

황사영 백서사건에 대해서는 서로 상반되는 견해가 있다. 어떤 신부는 말하기를 "이 사건으로 천주교회가 인륜을 저버린 집단, 전통문화를 파괴하는 이질적인 집단, 나라를 팔아먹는 집단, 반민족적 집단이라고 단죄하기 시작했다"라고 했다. 그런가 하면 개신교 측의 한 학자는 "그리스도의 복음을 전파하다가 자기 자신의 목숨까지 바친 한국 천주교회 대표적인 순교자"라고 표현하기도 했다. 한편 일본의 어떤 천주교 신부는 "성리학 지상주의를 파괴하여 신 규범 하에 신 사회를 건설하려는 천주교의 지도자"라고 하면서 황사영 백서는 시대에 앞서는 지식인의 고뇌를 토로한 것이라고도 하였다(노용필 『한국 천주교회사의 연구』).

(9) 일본 고니시 유키나가의 특수한 경우

다음으로 일본에서의 예를 들어보기로 한다. 고니시 유키나가小西行長(1555?-1600)의 경우이다. 고니시 유키나가는 아버지의 영향을 받아 가톨릭교 신자가 되었다. 일본에서는 가톨릭교를 기리시단吉利支丹이라고 하는데 이것은 '크리스천'이라는 단어를 일본 가나로 표현한 것이다. 고니시는 도요토미 히데요시豊臣秀吉의 부하가 되어 처음에는 수군水軍을 지휘했다. 그리고 1592년 임진왜란 때 도요토미의 명령으로 왜군의 선봉부대를 이끌고 부산에 상륙하였다. 고니시는 부대의 군기에 십자가 표시를 그린 깃발을 들고 다니게 했다. 자기의 부대를 십자군쯤으로 생각하고 있었는지 모를 일이다. 그리고 고니시의 부대 휘하 장졸들 중에는 약 2,000명 이상의 가톨릭교 신자가 있었다고 한다. 그래서 고니시는 일본 선교부에 종군신부를 보내 줄 것을 요청하여 스페인 신부로 일본에 선교사로 와 있었던 세스페데스Cespedes

(1551-1611)가 내한한 바 있다.

고니시 유키나가는 1597년 정유재란 때 다시 침입하였으나 도요토미가 병사한 후 일본으로 후퇴하다가 1598년 노량해전에서 이순신 장군에게 패하고 일본으로 철수하였다.

그 뒤 1600년 도요토미 정권의 주도권을 장악하려고 도쿠가와 이에야스德川家康의 동군東軍과 이시다 미쓰나리石田三成의 서군西軍이 접전할 때 이시다 미쓰나리의 서군에 가담하여 세키가하라關ヶ原 싸움에서 패하여 포로가 되었다. 도쿠가와는 고니시에게 할복자살을 명했으나 고니시는 자신이 기독교인이기 때문에 자살할 수 없으니 참형에 처해 달라고 요청하였다. 그런데 참형할 때의 의식으로 불경을 머리에 세 번 올리고 참하려 하였으나 고니시는 예수와 마리아의 성상을 세 번 머리에 올리는 의식을 행한 후 참수당했다고 한다. 아마 자신은 기독교 신앙을 지키다가 순교하는 것으로 생각했을지도 모를 일이다. 고니시는 죽음에 임하여 같은 가톨릭 신자였던 구로다 나가마사黑田長政에게 고해성사를 부탁했으나 도쿠가와의 명으로 거절당하고, 사형 당일에도 사제가 고해성사를 하려했으나 접근할 수가 없었다고 한다. 구로다 나가마사는 원래 기독교에 개종한 다이묘(大名, 영주)였는데 도요토미의 부하가 되면서 도요토미의 권유로 배교한 인물로 고니시와는 항상 대립관계에 있었다.

당시 고니시의 참형을 전해들은 교황 클레멘스 8세(1592-1605)는 고니시의 죽음을 애석하게 여겨 로마 시민들에게 기도할 것을 명했다고도 한다.

4. 박해를 피하려 했거나 피해 간 사람들

(1) 베드로

복음서에는 베드로가 예수를 세 번 부인한 사실이 기록되어 있다. 그리고 공관복음에는 예수는 베드로가 세 번 예수를 부인할 것을 미리 말한 사실이 있다. 마태복음과 누가복음에는 닭 울기 전에 세 번 부인할 것이라고 되어 있고 마가복음에는 닭이 두 번 울기 전에 세 번 부인할 것이라고 되어 있다. 베드로는 결국 예수를 모른다고 세 번 부인한 것이다.

    요한복음에는 베드로가 예수의 빈 무덤을 본 후에도 디베랴 바다로 고기 잡으러 갔다는 기록이 있다. 그리고 베드로에게 "네가 나를 사랑하느냐"라는 질문을 세 번 한 뒤에, "내 양을 먹이라"고 말하고 계속하여 "젊어서는 네가 스스로 띠 띠고 원하는 곳으로 다녔거니와 늙어서는 네 팔을 벌리리니 남이 네게 띠 띠우고 원치 아니하는 곳으로 데려가리라 이 말씀을 하심은 베드로가 어떠한 죽음으로 하나님께 영광을 돌릴 것을 가리키심이러라"라고 한 구절이 나온다. 이것은 예수는 베드로의 순교를 예언하고 있었던 것을 말하는 것이다.

    그런데 외경外經「베드로행전」이나 전승에 의하면 베드로가 다시 한번 박해를 피하려 했다는 것이다. 즉 로마에 큰 불이 난 후 네로가 화재의 원인은 기독교인들이 로마시에 방화했기 때문이라고 하면서 기독교도들을 박해할 때 베드로는 박해를 피하여 로마를 빠져나가다가 환상으로 예수를 만나 "주여 어디로 가시나이까?"라고 물으니 예수는 "내가 다시 로마에 가서 십자가에 못 박혀야겠다"라고 대답하는 말을 듣고 베드로는 다시 로마로 돌아가 십자가에 거꾸로 못 박혔다고 하는 것이다.

로마 가톨릭교회에서는 마태복음 16장의 "너는 베드로라 내가 이 반석 위에 내 교회를 세우리니 음부의 권세가 이기지 못하리라"라는 구절을 이용하여 베드로를 다른 사도들 위에 군림君臨하는 '지상에서의 그리스도의 대리자(Vicar of Christ)'로 보고 '파파Pope,' 즉 교황으로 부르고 있다. 그리고 모든 교황은 베드로의 후계자라는 것이다.

그러나 개신교에서는 고린도전서 10장 4절 "다 같은 신령한 음료를 마셨으니 이는 저희를 따르는 신령한 반석으로부터 마셨으매 그 반석은 곧 그리스도시라"와 에베소서 2장 20절 "그리스도 예수께서 친히 모퉁이 돌이 되셨느니라"라는 구절을 이용하여 교회의 터인 반석은 베드로가 아니라 그리스도요 또한 베드로는 모든 교인과 사도들 위에 군림하는 존재가 아니라는 것이다. 곧 마르틴 루터의 만인사제萬人司祭의 원리인 것이다.

(2) 이승훈의 경우

이승훈李承薰(1756-1801)은 이동욱의 아들이며 이가환의 생질이고 정약용 형제들의 매부다. 그는 24세에 진사시에 합격했으나 벼슬길로 나아가지 않았다. 그는 당시 천주교 중심인물인 이벽李檗과 알게 되면서 천주교인이 되었다. 그리고 1783년에는 동지사의 서장관으로 청나라 북경에 가게 된 아버지를 따라 북경에 가게 되었다. 이때 국내

교도들은 이승훈에게 천주교 원리에 대한 의문점 등을 알아 오라는 부탁을 하면서 여비를 모아서 주었다고 한다. 이승훈은 북경에 가서 그라몽Gramont 신부로부터 세례를 받고 베드로라는 세례명을 받았다. 이승훈은 한국 최초의 영세자가 되었다. 그리고 돌아올 때 서양과학 서적, 기독교 서적, 십자가 등을 가지고 돌아왔다.

그런데 1785년 명례동에 있는 역관 김범우의 집에서 이승훈, 이벽, 정약전 등이 모여 천주교 교리를 연구하다가 발각되어 김범우는 유형당하여 유형지에서 죽고, 이승훈 등은 양반이라 훈계 석방하였는데 이때 이승훈은 아우 이치훈을 시켜 교리서를 불사르게 하고 천주교를 이단이라 보는 벽이문闢異文 쓰기도 했다는 것이다. 일시 배교한 것이다.

그러나 이승훈은 다시 천주교 신앙으로 돌아와 교회를 조직한다는 생각에서 이른바 가성직 제도를 만들었다. 이승훈이 주교가 되고 권일신, 이존창, 정약전 등 10인을 신부라 하였다. 그러나 이러한 가성직자假聖職者 제도가 천주교 교리에 맞는지를 몰라 윤유일을 북경에 보내어 선교사에게 물어오게 하였다. 이때 구베아 주교는 사제서품도 받지 않고 신부 등 성직자가 되는 가성직자 제도는 옳지 않으며 조상에게 제사 지내는 것은 미신이니 이를 금해야 한다고 써 보냈던 것이다. 원래 유학자인 이승훈은 유교적 제례와 천주학이 배치된다고 보고 고민 끝에 일시 세상 사람들의 비방을 받을 것을 두려워하여 모든 교우들과의 왕래를 끊고 숨어 지냈다고 한다. 즉 또 다시 배교한 것이다. 그리고 1790년 가을에는 이승훈이 평택 현감에 임명되었다.

1791년에는 윤지충이 제사를 폐지하고 조상의 위패를 불사른 진산 사건이 일어났다. 이 일이 발각되어 윤지충은 참수당하였는데 이후 천주교 탄압은 더욱 강화되고 모든 천주교 서적을 불사르게 하였다. 이때 이승훈은 천주교 서적을 출판한 일이 있다 하여 평택 현감의 직을 파면당하였다. 그리하여 이승훈은 다시 교회를 떠나게 되었다.

그후 이승훈은 다시 교회에 돌아왔으나 전술한 바와 같이 1801년 신유박해 때 순교하였던 것이다. 시몬 베드로처럼 한국 천주교 최초의 영세자며 천주교의 토대를 마련한 한국의 베드로 이승훈도 세 번 배교한 후에 끝내 순교당한 것이다.

(3) 일본 가톨릭교 선교사의 배교

일본 작가 엔도 슈사쿠遠藤周作(1923-1996)의 소설 『침묵沈默』에는 박해가 두려워 배교한 서양 선교사의 이야기가 나온다. 포르투갈 선교사 훼레이라의 제자 로도리고는 스승 훼레이라가 배교한 후 가르페와 같이 일본에 잠입, 일본인 교도 기치로의 안내로 숨어 있는 가톨릭 교도와 만나 환영을 받았으나 나가사키 관헌에게 쫓기는 신세가 되었다. 순교당하는 사람들을 보면서 가르페는 자신도 딜러 나가 순교당하자 로도리고는 하나님의 기적으로 이겨 내게 해 달라고 기도하지만 하나님은 '침묵' 하고 있었다. 결국 로도리고는 기치로의 배신으로 관헌에게 체포되었다. 기치로는 자기가 밀고한 것을 뉘우치며 연행되어 가는 로도리고의 행렬을 울면서 따라간다.

나가사키에 연행된 로도리고는 거기서 스승 훼레이라를 만난다. 훼레이라는 로드리고를 설득하려 한다. 지금 많은 교도들이 체포되어 배교할 것을 서약하였으나 로도리고가 배교하지 않으면 결국 그들은 처형당하게 될 것이라는 것이다. 로도리고는 자신이 희생하여 배교함으로써 예수가 가르친 대로 고통받는 사람들을 구해야 할 것인가라는 문제로 고민에 빠진다.

로도리고는 고민 끝에 잡혀 있는 신도들을 위해 배교하기로 하고 후미에踏ミ繪를 밟기로 한다. 후미에라는 것은 예수와 마리아의 초상을 그린 그림을 동판에 새겨서 이것을 기독교도가 밟게 하여 배교를 증명하게 하려는 그림이다. 후미에를 밟으면 용서하고 밟지 않으면 참형하였던 것이다.

다음날 새벽 로도리고가 후미에를 밟으려고 다가가려 하자 갑자기 발에 통증을 느낀다. 그 순간 그림 속의 예수의 말이 들린다.

"밟아라 밟는 것이 좋다. 너의 발의 통증을 내가 가장 잘 안다. 나는 그런 고통을 같이 나누기 위하여 세상에 태어났고 십자가를 진 것이다."

후미에를 밟고 실의에 빠진 로도리고를 배신자 기치로가 용서를 구하려고 찾아온다. 이때 예수가 이번에는 기치로의 얼굴을 통하여 말한다.

"나는 침묵하고 있었던 것이 아니다. 너희들과 같이 괴로워하고 있었던 것이다. 약한 자가 강한 자보다 덜 괴로워했다고 누가 말하던가?"

엔도 슈사쿠는 "후미에를 밟음으로써 자신이 믿는 신의 가르침의 의미를 이해한 로도리고는 자신이 지금 이 나라에 남은 최후의 가톨릭교 사제라는 것을 자각한다"라고 썼다.

작중 인물 로도리고는 이태리 선교사 쥬세페 키아라Giuseppe Chiara(1602-1682)를 모델로 한 것이다. 키아라는 배교하고 일본식 이름을 쓰면서 산 사람이다.

로드리고의 스승 훼레이라Christovuo Ferreira(1580-1652)는 포르투갈 신학자며 예수회 선교사로 일본에서 전도하다가 박해를 견디지 못하고 배교한 실재 인물이다. 배교 후 훼레이라는 사와노 쥬우앙澤野忠庵이라는 일본 이름으로 바꾸고 일본 정부에서 통역이나 번역관 일을 담당하기도 한 사람인데 만년에는 다시 기독교로 돌아와 결국 처형되었다고도 한다. 일설에는 후미에를 그가 고안했다는 설도 있다.

(4) 일본 가톨릭교도의 형식적 배교와 위장(僞裝) 기독교

또한 일본에는 도쿠가와 이에야스가 가톨릭교 금지령을 내린 이후 이른바 '가쿠레 기리시단'(隱れキリシタン, 숨은 그리스도인)이라는 집단이 생겨났다.

이들은 불교의 관음보살상을 마리아상으로 둔갑하여 불교의식을 행하는 것처럼 위장하여 가톨릭교 의식을 행하고 있었다. 이들의 일부는 다시 발각되어 처형당하기도 했으나 잠복 그리스도인 단체 중에는 200년 이상 그러한 의식을 계속하기도 했다. 이들은 우리나라 이승훈 등이 가성직 제도를 만들었던 것처럼 서품받은 사제 없이 자기들끼리 의식을 행하고 있었기 때문에 기독교 교리나 신앙의 이해가 크게 변화하여 갔던 것이다. 어떤 경우에는 불교나 신도神道 등과 결부되어 기독교의 원형을 잃어버린 채 일본 무속신앙으로 변해 버린 부류도 있었다. 이들의 변용된 교리의 한 가지를 보면 이들은 원죄原罪를 인정하지 않고 있었다는 것이다. 여호와는 아담과 이브가 선악과를 먹은 후 곧 용서를 빌었기 때문에 하나님은 그들을 용서해 주었다고 보는 것이다. 여호와는 질투 많고 가혹한 신이 아니라는 것이다.

명치시대 이후 신앙의 자유가 인정되면서 이들의 대부분은 다시 가톨릭교로 돌아왔으나 일부는 가톨릭교에 복귀하지 않고 독자적 신앙의식을 행하는 집단이 아직도 나가사키에 존재하고 있다고 한다.

또 다른 가톨릭교도들 가운데에서는 후미에에 그려져 있는 그리스도와 마리아는 영상일 뿐임으로 일단 그것을 당당하게 밟은 후 하나님께 용서를 빌면 된다고 생각하는 교도들이 생겨났다.

이러한 행위는 어떻게 보면 일본인들만이 갖는 민족성 또는 성격이라고 생각된다. 이사야 벤 다산Isaiah Ben Dasan의 『일본교日本敎에 대하여』(山本七平 역)에 보면 일향종一向宗의 반란 때의 이야기가 있다. 도쿠가와 이에야스가 아직 소영주였을 때 그의 영지 내에서 일본 불교의 한 종파인 일향종 신도들과 상공업자, 농민들이 합세하여 반란을 일으킨 일이 있었다. 일향종은 정토진종淨土眞宗이라고도 하며 현재 일본의 불교 종파 중에서는 최대의 신도를 갖고 있다.

그런데 반란을 진압하고 있는 진압군 지휘관인 도쿠가와의 부하 장수가 일향종 신도였다는 것이다. 이 장수는 도쿠가와가 감독하고 있으면 싸우다가도 도쿠가와아가 사라지면 싸움을 그만두는 것이었다. 그리하여 반란 진압이 점점 늦어지고 있었다. 그래서 도쿠가와는 그 부하 장수를 불러 당장 정통 불교로 다시 개종하라 아니면 처형하겠다고 칼을 빼 들었다. 그런데 이 부하는 "개종하지 않겠습니다. 처형해 주십시오"라고 하는 것이다. 이때 당장 부하의 목을 내려칠 것 같던 도쿠가와는 "너 같은 완고한 놈은 죽여도 별수 없구나" 하면서 들었던 칼을 내려놓아 버렸다. 그 순간 이 부하는 "저 이제 개종하겠습니다"라는 것이었다.

도쿠가와는 "너는 도대체 어떻게 된 놈이냐? 죽인다고 할 때에는 개종하지 않겠다고 하더니 죽이지 않겠다니까 개종하겠다니 어떻게 된 것이냐"라고 묻자 이 부하는 "내가 목숨이 아까워서 개종하면 사무라이 정신에 어긋납니다. 나는 죽음이 두려워서 개종하는 것이 아닙니다"라는 것이었다. 이러한 정신 상황을 벤다산은 '일본교'라 했다. 일본인들은 기독교도로, 불교도로, 또는 어떤 종교인으로 순교해도 이것은 '일본교'라는 일본인들만이 갖는 정신에 의한 순교라고 표현하고 있다.

(5) 일제의 신사참배 강요와 순교

일본이 우리나라에 신사를 들여온 것은 1918년의 일이다. 그리고 신사참배를 강요하기 시작한 것은 1932년부디였다.

신사참배 문제는 일본 개신교 내에서도 문제가 되었었다. 만주사변(1931), 만주국 건설(1932) 이후 일본 정부는 국민 정신의 통합과 사상 선도思想善導를 위하여 신사에 의한 교화를 획책했다. 그리고 일본 기독교 각 교파에 신사 문제에 관한 의견을 물었다. 이때 일본 기독교 연맹은 "신사神社는 종교인가 아닌가 하는 것을 확실히 해 주기를 바란다. 만약 종교가 아니라면 신사를 비종교화하여야 하며 종교라면 신교 자유의 원칙에 의하여 신사참배를 강요해서는 안 된다"고 답신하였다. 그러나 일부 교파에서 신사참배를 거부하는 일이 생겼다. 그리하여 정부는 신사참배는 국민의 애국심과 충성심의 표현이고 종교인가 아닌가는 문제가 되지 않는다고 설명했다. 이후 일부 반대 세력도 있었으나 결국 대부분의 일본 기독교에서는 신사참배를 인정하기 시작하였던 것이다.

한국에서 신사참배를 강요하기 시작한 후 이것은 우상숭배라 하여 참배를 거부하였으나 일부 교파에서는 이것은 하나의 국민의례라 하면서 순응하게 되었다. 그러면서 일제는 신사참배 거부자들을 투옥하기 시작했다. 수많은 목사와 평신도들이 투옥되었다. 그리고 참배를 거부하는 교회들을 폐쇄시키기도 했다. 많은 목사와 장로, 평신도들이 옥사하고 감옥에서 핍박을 받았고 해방이 되자 살아 있는 투옥자들은 석방되었다.

그런데 이 출옥 성도들이 모여서 교회 재건 원칙을 발표하였다. 신사를 참배한 목사, 장로들은 통회 정화한 후 목회에 임할 것, 목사는 최소한 2개월간 휴직하고 통회 자복할 것 등을 발표하였다. 이때 1938년에 열린 27회 총회에서 신사참배를 결의할 때 총회장이었던 홍택기 목사가 "옥중에서 고생한 사람이나 교회를 지키기 위해 고생한 사람이나 고생은 마찬가지다. 교회를 버리고 해외로 도피한 사람이나 숨어 버린 사람보다는 교회를 지키려고 일제의 강압에 굴복한 사람의 수고가 더 높이 평가되어야 한다"고 하면서 이에 반발하고 나섰다.

이 문제는 결국 교단 분열로 이어졌던 것이다. 옥사한 사람이나 감옥에서 고생한 사람들은 순교의 길을 걸었다. 그러나 신사참배를 한 사람들도 배교한 것은 아니라는 입장이다. 신사참배를 하면서도 교회 문을 닫지 않고 교회를 지켰다고 생각하는 사람들이다. 신사참배에 순응한 사람이나 해외로 도피했던 사람들은 순교를 피해 갔던 사람들이다.

이때 순교한 사람들은 그리스도의 부활을 증거하며 신앙을 지키기 위한 순교자일 뿐만 아니라 조국을 지키기 위한 순국자인 것이다.

(6) 남북 분단과 전란 중의 순교

해방 후 남북이 분단되고 북에는 소련군이 들어와 공산정권이 수립되면서 기독교를 박해하기 시작하였다. 많은 목사, 장로, 평신도들이 신앙의 자유를 찾아 월남하기 시작했다. 어떤 사람들은 체포령이 내려져 있기 때문에 피신해 왔고 다른 사람들은 북한에 남아 있으면 박해를 받아 죽임을 당할지 모르기 때문에 피해 온 것이다. 즉 순교를 피하려고 월남한 것이다.

6·25 전란 중에는 더욱 많은 기독교인들이 공산주의자들에 의해 죽임을 당하였다. 손양원 목사 같은 사람은 자기 두 아들을 죽인 공산주의자를 살려내 자신의 아들로 삼기도 했는데도 전란 중 공산군에 의해 순교당했다. 특히 충청도와 전라도 지역에서 많은 교회가 파괴되고 교인들이 살해되었다. 충남 병촌 성결교회는 유아로부터 칠순 노인에 이르기까지 66명의 교인이 모두 살해되었다. 전북 옥구교회에서는 교인 75명 중 73명이 살해되었다고 한다. 피하려 해도 피할 수

도 없는 상황이었던 것이다. 이때 이들의 기도는 무엇이었을까.

"하나님 어찌하여 침묵하고 계시나이까?" "하나님은 믿는 자의 편이 아니십니까?"라는 기도를 드리고 있지 않았을까 하는 생각이 든다. 예수께서 겟세마네에서 기도한 것처럼 "내 아버지여 만일 할 만하시거든 이 잔을 내게서 지나가게 하옵소서"라는 기도를 드리지 않았을까?

잘 알려져 있는 김은국(1932-2009)의 소설 『순교자』에는 14명의 목사가 체포되어 그중 12명의 목사들이 순교한 이야기가 있다. 순교한 12명의 목사들이 비굴하게도 배교하고 공산주의자가 되겠다고 하면서 총살당했다고 하는 소문도 있었다. 그런데 같이 체포되었다가 살아남은 신 목사는 굳게 입을 다물고 그들이 죽임을 당할 때의 상황을 말하지 않는다. 침묵하는 것이었다. 그런 신 목사는 끝에 가서는 12명의 목사들이 끝까지 신앙을 버리지 않고 버티다가 순교했으며 자신은 비굴하게 배교하여 살아남았다고 증언한다. 이런 신 목사도 중공군이 침입할 때 결국은 순교한 것으로 되어 있다. 이 이야기는 소설 즉 픽션이다. 그러나 이 소설의 모델이 된 어떤 사건이 있었을 것이다. 실제로 순교당할 때의 모습은 그 상황을 직접 목격한 사람의 증언 없이는 잘 알 수 없는 것이다.

필자는 필자의 장인 서용문 목사 순교 60주년에 즈음하여 이 글을 쓰면서 장인에 관해 전해들은 이야기가 생각난다. 6·25동란이 일어나기 전 북한에서 교회에 대한 공산정권의 압박이 점점 심해지고 있을 때 장인의 친지 목사들이 월남할 것을 권유하자, 많은 교인들을 남겨두고 나만 피해 갈 수 없다고 하면서 거절했다는 것이다. 장인은 결국 순교를 피해 가지 않은 것이다.

5. 민란 또는 전쟁과 연결된 박해와 순교의 예

(1) 유대전쟁(66-73)

기원후 62년경 로마의 유대 총독들은 유대교와 유대인을 가혹하게 탄압하였다. 예루살렘 성전 금고에서 금품을 탈취하고 케자레아로부터 증파되어 오는 로마 군단의 환영식을 유대인들에게 강요하였다. 그리고 이에 저항하는 유대인들을 감금, 살해하였다. 유대 지역은 로마에게는 중요한 통상로며 제국 방위에 중요한 요충이었기 때문에 유대인들의 감정을 건드리지 말아야 하는데도 무자비하게 탄압했던 것이다.

이것은 유대인에게 있어서는 민족적 치욕이었다. 로마의 지배 자체를 증오했던 유대인들은 드디어 66년에 이르러 반란을 일으켰다.

엘레아지르는 안토니아 성을 포위하고 로마 수비병을 학살하였다. 메나헴은 사해 근처 암벽 위에 있는 마사다Masada를 점령하여 요새로 삼았다.

유대 반란군이 예루살렘을 공격하기 시작하자 로마군은 북쪽으로 후퇴하기 시작했다. 반란군은 로마군을 추격하여 치열한 전투 끝에 약 6,000명의 로마군이 전사하는 전과를 올렸다.

로마 황제 네로는 베스파시아누스Vespasianus를 사령관에 임명하여 반란 진압군을 파견했다. 베스파시아누스는 안디옥에 상륙하여 갈릴리, 베레아, 이두마야, 사마리아, 엠마오, 여리고 등지를 점령했다. 그러나 69년 베스파시아누스가 황제에 추대되어 로마로 돌아갔기 때문에 휴전상태가 되었다. 이보다 앞서 갈릴리에서 반란군을 지휘하고 있던 요세푸스Josephus는 포로가 되어 로마군에 항복하고 베스파시아누스와 같이 로마로 갔다. 그리고 로마에서 상금을 받고 영지도 하사받았다. 배반자가 된 것이다.

황제가 된 베스파시아누스는 이번에는 아들 티투스Titus를 진압군 사령관으로 파견했다. 티투스는 70년 8월 예루살렘을 점령하고 성전을 완전히 파괴했다. 그리고 약 100만 명의 유대인들을 불태워 죽였다. 티투스의 군대가 예루살렘 성전에서 약탈한 보물을 들고 행진하는 모습이 부조浮彫(돋을새김)로 로마에 있는 티투스의 개선문에 새겨져 있다.

한편 마사다에서 농성하던 유대인들도 로마군의 포위 공격을 당해 내지 못하고 모두 자살하였다.

이 전쟁으로 유대인 110만 명이 사망하고 97,000명이 포로가 되었다. 그리고 가이사랴의 경기장에서 맹수의 밥이 되었다. 이들은 모두 유대교의 신앙을 지키다가 희생된 순교자인 것이다.

요세푸스는 『유대전쟁사』, 『유대고대사』 등의 귀중한 역사서를 저술한 사람이다. 그러나 요세푸스는 배반자가 되었다. 그는 순교를 피해 갔을 뿐만 아니라 영화를 누린 사람이다.

(2) 십자군 전쟁의 경우

십자군은 중세 가톨릭교회 또는 이를 지지하는 세속 군주가 이교도 또는 이단을 토벌하기 위해 일으키는 원정군을 말한다. 근대에 이르러서는 정통 신조를 배반하는 세력에 대한 공격을 십자군이라고 칭하게도 되었다.

11세기의 십자군은 셀 투르크가 팔레스틴과 소아시아를 점령하고 성지 순례자를 박해한 데서 비롯한다. 이슬람군에 패한 비잔틴 황제가 로마 교황에게 구원을 요청해 온 것이다.

당시 로마 교황 울반 2세는 1095년 프랑스의 크레르몽에서 종교회의를 열고 십자군을 일으킬 것을 결정했다. 그리고 십자군에 참가하는 사람들에는 면죄부를 주기로 했다.

제1차 십자군은 프랑스와 남이탈리아의 제후와 기사들을 중심으로 조직되었다. 이들은 예루살렘을 정복하여 예루살렘 왕국을 세웠으나 이교도들을 약탈하고 학살하였다. 그리고 대부분의 십자군이 귀환한 후 다시 이슬람의 세력이 들어와 예루살렘 왕국은 붕괴되었다. 이때 프랑스 왕 루이 7세가 제2차 십자군을 조직하여 원정했으나 실패하고 돌아왔다. 제3차 십자군은 영국 왕 리처드 1세, 프랑스 왕 필립 2세, 독일 왕 프리이드리히 1세가 중심이 되어 원정길에 올랐으나 서로 공을 다투는 가운데 실패하여 이슬람과 화약을 맺고 돌아오고 말았다.

특히 제4차 십자군은 이교도와 싸우는 것이 아니라 같은 기독교 국가끼리 싸우는 형세가 되었다. 즉 베니스 상인들의 요청에 의하여 콘스탄티노플을 공격하여 그곳에 라틴 제국을 세웠다. 십자군 본래의 목적에서 완전히 벗어난 것이었다. 비잔틴 제국을 돕기 위해 출정한 십자군이 도리어 비잔틴 제국을 멸망시킨 것이다. 한때 교황은 십자군을 파문에 처하기도 했다.

이후 소년십자군이 일어나기도 하고 제5차, 제6차 십자군도 있었으나 모두 실패하였고. 프랑스의 성왕聖王으로 불리우는 루이 9세가 제7차와 제8차 십자군을 일으켰으나 이집트 원정 중 병사하였다. 가톨릭교에서는 루이 9세를 성인으로 시성하였다.

십자군의 영향으로 인하여 당시 유럽 문화보다 발달된 이슬람 문화가 유럽으로 흘러 들어가는 결과를 가져오기도 했다. 유럽에서는 이슬람 국가와 무역을 원활히 하기 위해 코란의 문구를 새긴 화폐를 만들기도 했다. 이 전쟁으로 교황의 위신이 떨어지고 주교들의 신도에 대한 통제력이 약화되었다.

십자군 전쟁은 이교도를 물리친 것이 아니라 이교문화 즉 이슬람 문화를 서방에 유입시키는 결과를 가져왔다. 금속 화폐의 주조, 나침반의 사용, 새로운 곡물과 직물의 유입으로 유럽인의 생활이 많이 변화되기 시작했다. 특히 동방의 과학과 이슬람교 신학이 기독교 신학 사상에 많은 영향을 주었다.

이 전쟁은 결국 기독교도와 이슬람교도 모두가 박해자도 되고 순교자도 되는 결과를 가져오게 되었던 것이다. 즉 기독교 측에서는 많은 마터Martyr가 생겨나고 이슬람 측에서는 많은 샤히드Shahid가 생겼던 것이다.

(3) 프랑스 종교동란(유그노 전쟁, 1562-1598)

1500년대 프랑스에는 칼빈파로 알려진 유그노Huguenot라는 개신교도들이 있었다. 유그노라는 뜻은 명확히 알려져 있지는 않지만 대략 '같이 맹세한 무리(同誓徒)'라는 뜻이라고 하며 이들의 대부분은 가내 수공업자이며 노동자, 변호사, 교수 등도 포함되어 있었다.

당시 프랑스 가톨릭파의 우두머리인 기즈Guise 공작 프란시스가 유그노 교도 300여 명을 학살한 후 이번에는 유그노 교도가 프란시스를 암살하였다. 이후 프란시스의 아들 헨리는 프랑스 왕 헨리 3세와 같이 유그노 교도를 박해하기 시작했다. 그리하여 1572년 성 바돌로매 축제일에 유그노 교도의 우두머리인 콜리니와 다수의 유그노 교도들을 학살했던 것이다. 학살당한 숫자에 대한 정확한 통계는 없다. 적게 보는 경우에는 200명, 많게 보는 경우에는 5만 명에 이르기까지 다양한 설이 있다.

성 바톨로매 축제일 학살이 있은 후 교황 그레고리우스 13세는 하나님을 찬양하는 노래를 불렀고 학살 기념 메달을 만들기도 했다고 하며, 성 바놀로매 학살사선은 하나님이 유그노 교도들에게 내린 벌이라고 했다는 것이다. 한편 신교도인 영국 여왕 엘리자베스 1세는 학살당한 유그노 교도들을 추도하는 의미에서 상복을 입었다고도 한다.

이에 유그노 교도들은 나바르Navarre 왕 헨리를 지도자로 하여 가톨릭 측과 유그노 신교도 간의 전쟁이 36년이나 계속되었다. 나바르는 현재 스페인 영토로 당시에는 독립국이었다.

이 전쟁은 기즈 공작 헨리와 프랑스 왕 헨리 3세가 차례로 암살되면서 끝이 났다. 그리고 유그노의 지도자인 나바르 왕 헨리는 그의 왕비가 프랑스 왕 헨리 2세의 딸이라는 인연으로 프랑스 왕 헨리 4세로 즉위하였다. 헨리 4세는 프랑스 부르봉 왕조의 시조가 되었다.

그런데 프랑스 왕위 계승법에 의하면 신교도가 왕이 될 수 없음으로 헨리 4세는 즉위하기 전 구교도로 개종하였다. 그러나 헨리 4세는 낭트의 칙령(1598)을 내려 유그노 교도들의 신앙의 자유를 인정하였다. 그 내용은,

① 프로테스탄트의 개인의 신앙의 자유를 인정한다.
② 200개의 도시와 300개의 성채城砦에서의 신교도들의 예배의식을 허용한다.
③ 신교 학교에 국가의 재정을 원조한다.
④ 신교 서적의 출판을 허용한다.
⑤ 신교도의 시민권을 인정한다.
⑥ 신교도의 자유로운 집회와 재판의 권리를 인정한다.
⑦ 8년간 200개의 도시에서의 완전한 자치를 인정한다. 등이었다.

이러한 유그노에 대한 자유 허용에 대하여 가톨릭파들은 불만이 있던 중 드디어 헨리 4세는 1610년 광신적 구교도에게 암살당했다.

이 전쟁으로 죽은 프랑스 구교도와 신교도는 양쪽이 모두 박해자도 되고 순교자도 되었다고 볼 수 있을 것이다. 그러나 이때 죽은 자들이 시복諡福되거나 시성諡聖되지는 않았다.

뒷날 헨리 4세의 손자 루이 14세가 즉위하여서는 철저하게 가톨릭

주의를 강화하여 유그노 교도들의 신앙의 자유를 무효화하는 칙령을 내렸다. 이리하여 유그노 교도들은 영국, 홀랜드, 스위스, 노르웨이, 덴마크, 프러시아 등지로 망명하였다. 특히 미국에는 약 4,000명 정도가 이주해 갔다. 미국이 독립한 후 초대 대법원장이 된 존 제이Jay, 독립전쟁에서 중요한 역할을 했던 폴 리비어Revere는 모두 유그노의 후예들이라고 한다.

지금 프랑스에서는 칼빈파에 속하는 유그노 교도를 중심으로 '프랑스 개혁교회Reformed Church of France'를 형성하고 있다. 이 교파는 400개의 교구敎區(Parish)와 40개의 노회老會(管區, Presbytery)로 구성되어 있다. 그리고 1872년에 총회가 열렸는데 이것은 1659년에 열렸던 마지막 총회 이후 213년 만에 열린 총회였다. 지난 2005년 총회 때에는 베네딕트 교황이 친선의 서한을 보냈다고도 한다.

유그노 전쟁에서 죽은 유그노 교도들은 오늘날 프랑스 개혁교회를 형성하는 등 개신교의 신앙의 자유를 얻기 위한 순교자라고 보아야 할 것이다.

(4) 일본 시마바라-아마쿠사(島原-天草) 기독교도 반란(1637)의 경우

이것은 규우슈우 북쪽 시마바라 반도와 아마쿠사 제도에서 일본 가톨릭교도들을 중심으로 일어났던 민란이다. 그래서 이 민란을 종교전쟁으로 보는 견해가 일반적이다.

이 두 지역은 원래 가톨릭교 영주들이 다스리던 고장이었다. 그러나 도쿠가와 이에야스가 기독교 금령을 내린 이후 영주가 모두 바뀌었다. 특히 시마바라에 새로 부임한 영주는 도쿠가와의 신임을 얻어 지위를 향상시키려고 과중한 세금을 부과하고 기독교도를 탄압하였다. 기독교도에게 짚 도롱이를 입히고 불 지르기, 물에 잠그기, 분화구에 던져 넣기 등 가혹한 방법으로 탄압하였던 것이다. 시마바라에서는 무사로부터 일반 백성에 이르기까지 모든 주민이 옛 기독교 영주의 부하를 지도자로 하여 반란을 계획하고 있었다.

아마쿠사는 원래 고니시 유키나가의 영지로 전체 인구 3만 명 중 기독교도가 23,000이나 되었다. 여기도 고니시가 처형당한 후 새로 부임한 영주가 기독교도와 도민을 가혹하게 탄압하고 있었다. 아마쿠사에서는 고니시의 옛 부하들을 중심으로 단합하여 반란군을 조직하였다.

그리고 시마바라와 아마쿠사의 반란군 주모자들은 회합하여 당시 16세의 소년 아마쿠 사시로天草四郎(1621?-1638)를 총대장으로 추대하여 반란을 일으켰다. 아마쿠 사시로는 세례명이 제로니모였고 그의 아버지는 고니시 유키나가의 부하였다. 아마쿠 사시로는 이마에 십자가를 붙이고 다녔는데 당시 그는 신통력이 있다고 알려져 있었다.

반란 초기에는 반란군이 승승장구하여 유리하게 전투를 이끌어 나갔다. 반란군의 규모는 정확하지 않지만 대략 37,000명이었다고 한다. 그러나 도쿠가와 막부는 토벌군을 점점 증강하여 12만 명에 이르렀다. 반란군은 드디어 하라죠오原城에서 농성에 들어갔다. 그러나 성중의 식량이 부족한 데다가 전의를 잃은 반란군 병사들 중에서 약 1,000명 정도가 도주하면서 반란군의 전의가 꺾인 가운데 토벌군이 총공격을 감행하여 반란군의 요새인 하라죠오 성은 함락되고 말았다. 그리고 아마쿠사 등 반란 주모자들은 모두 참수되었다.

시마바라-아마쿠사 기독교 전쟁은 때때로 기독교의 순교사화로 이용되고 있으나 일본 가톨릭교에서는 그들을 순교자로 보지 않고 있다고 한다. 이 반란은 백성들의 민란이었던 것이다.

그러나 시마바라-아마쿠사 반란에 가담했던 기독교도들은 이때 희생된 사람들을 순교자로 보기도 한다는 것이다.

(5) 제주도 신축교난辛丑教難(1901)의 경우

제주도에는 1899년 프랑스인 페이네 신부와 한국인 김원영 신부가 들어가 선교하기 시작한 후 1901년까지 약 950여 명의 천주교도가 생겨 났다. 이 중에는 순수한 교인도 있었으나 교회의 힘을 빌려 보려는 사람들도 있었다. 그런데 천주교도들이 미신 타파라는 명목으로 신목神木을 베어 버리고 신당을 헐어 버리기도 하는 일이 있어 이로 인하여 도민들을 격분시켜 토착신앙에 젖어 있는 주민들과 마찰이 생기기도 하였다.

그런데 제주 목사로 있던 이상규는 도민으로부터 1만 냥을 사취한 죄로 파직된 일이 있었다. 이때 특히 이상규에게 돈을 빼앗긴 다수의 사람들이 교인이 되었다고 한다.

이러한 때에 마침 새로 세금 징수관으로 임명된 강봉헌이 천주교도인 최형순 등과 같이 강제로 세금을 거두어들이게 되매 도민들이 천주교에 대해 반감을 사게 되었다. 이때 오신락이라는 사람이 천주교회 구내에서 자살하였는데 이를 제주 목사와 관료들이 천주교도가 오신락을 죽였다고 소문을 퍼뜨려 도민을 자극하였다. 그리하여 대정군수 채구석과 오대현, 강우백, 이재수 등이 제주 읍성 공격을 준비하자 라쿠르트Lacrouts 신부는 무장을 하고 1,000여 명의 교인과 함께 성을 지켰으나 곧 함락되어 500여 명의 천주교도가 학살당했다는 것이다. 사상자 숫자에 대해서는 여러 가지 설이 있다. 김윤식의 『속 음청사』에는 약 5, 6백 명이라고 되어 있다.

라쿠르트 신부는 이미 상해에 주둔하고 있는 프랑스 해군 함대에 구원을 요청했었는데 6월에 이르러 군함 두 척이 도착하였다. 그러나 소요가 어느 정도 진정된 뒤 프랑스 군함이 떠나자 다시 소요가 일어났다. 그리하여 프랑스 군함이 다시 오고 아울러 중앙에서 정부군이 도착하여 제주 읍성을 탈환한 후 강봉헌은 서울로 압송하고 오대현, 강우백, 이재수는 처형하였다.

프랑스 공사와 천주교회는 아마도 조선 정부에 압력을 가하여 배상금으로 제주도민 4만 명으로부터 1인당 15전 6리씩 거두어들이게 하였을 뿐만 아니라 황사평 지역을 사망자의 매장지로 지정하게 했던 것이다. 이것은 프랑스 공사 플랑시가 대한제국 정부에 주동자의 처벌과 피해를 입은 신부에 대한 손해 배상 및 사망한 교인 가족들에게 구제금을 줄 것을 강력히 주장하여 이루어지게 된 것이라고 한다.

이 교난은 극히 일부 천주교도들의 비행이 발단이 되었으나 도민이 본래 갖고 있는 천주교를 반대하는 감정이 폭발한 것으로 보아야 할 것이다. 거기다가 이 교난은 프랑스와의 외교적 마찰이 있었고 외국인 침투에 대한 도민들의 저항이었다고 보이며 하나의 민란이었던 것이다. 그러나 천주교 측에서 보면 이때 희생당한 교인들은 순교자인 것이다.

6. 박해의 논리와 이유

(1) 로마 제국에서의 기독교도 박해

로마 제국이 기독교를 박해한 이유가 로마인들은 종교성이 결여되어 있고 실용적인 민족이기 때문에 기독교와 같은 순수한 종교성을 이해하지 못하기 때문이었다고 보는 견해도 있다. 그러나 로마인들은 그들의 신들(12신)이 로마를 수호해 주기 때문에 신을 숭배하는 사상이 강했다는 것이다. 따라서 종교성이 결여되어 있기 때문에 기독교를 박해했던 것은 그 이유가 되지 못한다는 것이다.

도리어 기독교인들이 로마의 고유의 신을 모독함으로써 로마 사회의 안전을 위협하고 반역을 꾀하는 무리라고 보았기 때문에 박해한 것이라고도 한다.

네로 황제의 기독교도 박해 이유는 기독교도가 로마시에 방화했기 때문이었다는 것이 믿을 만한 통설로 되어 있다. 기원후 67년 로마시에 불이 일어나 전 시가지의 3분의 1이 타버린 것이다. 이때 로마 시민들은 이것은 네로가 일락에 빠져 유흥삼아 로마시에 불을 지르라고 명령했기 때문이라고 믿고 있어서 시민들의 원한과 증오가 네로에게 집중되었기 때문에 기독교인들에게 방화죄를 전가하여 기독교도를 살해했는데 기독교도를 십자가에 매달고 불을 질러 가로등으로 쓰기도 하고, 개에게 물어뜯게 하기도 하는 등 잔인한 방법으로 살해했다는 것이다.

그러나 기독교 측의 사료나 다른 사료들로 미루어 보면 방화죄로 기독교도를 살해했다고만 볼 수 없다고 한다. 아마도 로마인들의 기독교도에 대한 혐오감 또는 사회의 안전을 위협하는 위험한 인간들로 보았기 때문에 박해한 것이라고 보는 견해도 있다.

5형제 중 하나인 트라야누스(재위 98-117) 황제는 기독교도 박해에 관한 가장 오래된 문서인 「트라야누스 칙령」을 반포한 황제다. 이 칙령은 흑해 연안 로마 속주 총독인 플리니우스의 서신에 대한 답변을 겸하여 내린 칙령이다. 프리니누스는 임지를 돌아다녀 보니까 로마 신전은 황폐화되고 참배자도 없으며 제례의식도 행해지지 않고 있었는데 어떤 상인의 말에 의하면 기독교가 널리 퍼지기 때문에 참배자가 줄어든다고 하면서 기독교도를 고발하는 것이었다. 그리하여 프리니우스는 기독교도를 심문하여 기독교도인 사실을 세 번 계속해서 고백하면 사형에 처하고, 자신이 기독교도가 아니며 전에도 기독교도가 아니었다고 대답하면 황제숭배를 명하여 그 명에 따르면 석방하였다고 황제에게 보고하였다.

그리고 전에는 기독교도였는데 지금은 배교한 자라도 기독교가 세상의 소문처럼 사악한 것인가를 알아보기 위해 심문해 보았더니 기독교의 의식에는 사악한 그림자가 없으며 그들의 생활도 선량하고 매우 준법적이라는 것을 알았다고 보고하면서 첫째 배교한 사람은 석방해도 되는가? 둘째 기독교도라는 것 자체가 처벌의 기준이 될 수 있는가? 셋째 연령에 의한 정상참작의 여지는 있는가? 등 세 가지에 대한 하문을 요구하였다. 이 질문은 좀 사리에 맞지 않는다. 이미 총독이 그런 방식으로 기독교도를 처리하고 있으면서 질문을 하고 있기 때문이다.

이에 대하여 황제는 세 가지 질문에 대한 직접적 답변은 하지 않고,
"총독의 지금까지의 조치는 적절한 것이었다."
"고발된 기독교도가 기독교도라는 사실은 부인하고 로마의 신들을 숭배하겠다고 말하는 자 외에는 모두 처벌할 것,"
"기독교도를 일부러 탐색할 필요는 없다."
"배교한 자는 석방하라."
"익명으로 고발하는 것은 받아들이지 말라"라고 답변하였다.

이것은 트라야누스 황제가 기독교도를 엄하게 박해하는 것보다 행정적 조치로 관용의 도를 넓혀 기독교도 스스로 배교하게 하는 방법이 평화와 질서유지에 보다 더 효과적이라고 생각했기 때문이다.

안토니우스 피우스 황제(재위 138-161) 때에는 기독교도에 대한 어떠한 새로운 조치를 취하지 않고 교회에 평화가 왔던 시대라는 사료도 있지만 반대로 연속적, 항구적 기독교 박해의 상태에 있었다는 기록도 있다. 그래서 이 시기는 '유사관용하類似寬容下의 평화'라고 하는 것이다.

5현제의 마지막 황제로 스토아학파 철학자이며 『명상록』을 저술한 마르쿠스 아울렐리우스 황제(재위 161-180) 때에는 황제가 금욕적 철학가이기 때문에 박해가 없었을 것으로 생각하기 쉬우나 사실은 그렇지 않았다. 사르데스(사데)의 주교 멜리토Melito의 저서 『변증』에 보

면, "지금까지 없었던 새로운 칙령에 의하여 전 아시아의 기독교도가 박해를 받고 있다. 부끄러움을 모르는 밀고자들은 남의 재산을 탐내어 우리들을 공공연히 약탈하고 아무 잘못도 없는 우리들을 괴롭히고 있다"라고 있는 것으로 보아 박해가 계속되었던 것을 알 수 있다.

여기서도 박해의 이유가 뚜렷이 나타나 있지 않다. 아마도 그는 여러 신들에 의하여 보호되는 로마의 전통을 충실히 지키려는 황제였음으로 기독교도가 새로운 가르침으로 초자연적 힘에 대한 미신적 공포를 선동하여 인심을 교란하고 로마의 신들을 무시하는 무리라고 보았기 때문에 기독교도를 박해할 수밖에 없었던 것으로 보는 것이다.

180년 아우렐리우스 황제가 죽은 후 235년 군인 황제 시대가 올때까지는 기독교에 있어서 평화와 안정의 시대였다. 이 무렵 기독교는 수적으로나 질적으로 많은 발전을 보였다.

그러나 285년 디오클레티아누스가 황제가 되면서 로마 제국 최후, 최대의 박해가 일어났다. 그의 치세 22년간에 20년 가까이는 기독교에 대하여 관용적이었다. 그런데 303년 돌연 기독교도를 박해하기 시작했는데 박해 이유가 뚜렷하지 않다. 디오클레티아누스의 궁정宮廷 측근에는 기독교도가 많이 등용되고 있었고 황후와 황녀도 기독교인과 접촉하고 있었다. 속주의 관료나 군대에도 기독교도가 많이 있었다. 그런데 왜 그가 기독교도를 박해하게 되었는가 하는 것을 이해할 수가 없는 것이다.

박해의 이유로 '천벌설天罰說'을 거론하는 경우도 있다. 교회사학자 에우세비우스는 교회가 평화로워지자 기독교인들이 나태해지고 오만해졌기 때문에 하나님이 교회와 성소를 파괴하는 벌을 내렸다는 것이다. 그러나 이것은 역사적 설명이 되지는 않는다.

다른 이유로는 부제副帝* 갈레리우스가 흉악했기 때문이라는 설도 있다.

디오클레티아누스의 경우에도 그 전 황제들처럼 로마의 신들을 존중하려는 것이 기독교 박해로 나타난 것으로 보인다. 특히 그는 자신을 주피터(제우스)의 아들이라 하고 주피터로부터 주권을 받았다고 자부하고 있었으며 기독교도들이 로마의 신들을 무시한다고 생각했기 때문인 것이다.

드디어 303년 로마군이 니코메디아(이즈미르, 당시의 수도) 시 중심 높은 곳에 왕궁을 압도하는 위치에 높이 솟아 있는 중앙교회당을 습격하여 파괴하였다. 그리고 칙령을 내렸다.

① 로마 제국 내에 있는 모든 교회를 파괴할 것
② 성서를 모두 불태워 버릴 것
③ 고급 공직에 있는 기독교도의 직책을 박탈할 것
④ 기독교도의 법률보호권을 박탈할 것, 그리고 기독교도 노예의 해방을 금지할 것 등이었다.

그런데 이 칙령에는 기독교도를 처형하라는 내용은 없다. 디오클레티아누스는 피를 흘리지 않고 기독교도들의 사회적 불이익을 명시함

---

*당시 로마는 동서로 나누어 동부에 정제正帝와 부제가 있고 서쪽에 정제와 부제가 있었다. 동서 로마가가 분리된 것은 아니고 통치상 편의로 둔 제도였다. 정제가 죽으면 부제가 정제가 된다. 동서 로마 분리는 395년의 일이다.

으로써 기독교도들을 로마의 전통적 신들에게로 돌아오게 해 보려는 의도였던 것으로 보인다.

　한편 기독교도들 중 일부에서 황제의 칙령 게시판을 쓰러뜨리고 황제에게 큰소리로 욕을 해대는 무리가 있었다. 그래서 이들을 체포한 사형집행관은 모닥불 같은 약한 불로 기독교도를 잔인하게 태워 죽이기도 했다. 그러나 죽어 가는 기독교도들은 도리어 미소를 머금고 집행관을 조소하는 듯 죽어 가는 것이었다. 그러는 중에 황궁에 불이 났다. 방화한 사람은 화재 후 창황히 사라진 부제 갈릴레우스일 것이라는 소문이 돌았다.

　한편 서부 로마에서는 칙령에 따라 교회당은 파괴하고 성서는 불태웠으나 기독교도를 처형하지는 않았다고 한다. 끝까지 배교하지 않는 기독교도에 대해서도 처형하는 대신 그들의 직책을 박탈하거나 재산이 있는 사람은 재산을 몰수하고 가난한 자는 광산에서 강제노동을 시켰다.

　이후 디오클레티아누스가 퇴위하고 부제 갈렐리우스가 정제가 되어 박해를 계속했으나 311년 갈렐리우스가 온몸이 부패하는 병에 걸렸기 때문에 갈릴레우는 드디어 기독교도에 대한 관용령을 반포했다. 기독교도들의 신앙 의식을 허용하고 기독교도들도 우리와 같이 국가와 그들 자신을 위해서 기도하라는 것을 내용으로 하는 것이었다.

　이후 313년 콘스탄티누스 황제가 밀라노 칙령을 내려 기독교를 공인함으로써 기독교에 대한 박해는 끝이 났던 것이다.

(2) 유대인들에 대한 박해

역사적으로 유대인처럼 오랫동안 끈질기게 타 민족의 반대에 직면하고 박해를 받았던 민족은 없을 것이다. 그런데 그렇게 유대인을 반대하고 박해한 이유가 그리 분명하지 않다.

반유대주의자들은 유대교가 강력하고 배타적인 선민選民사상을 갖고 있고 예수 그리스도를 죽인 장본인이며 금융계를 지배하고 있다고 비난한다. 사실 구약성서에는 유대인들이 다른 민족을 이기고 최후의 승리를 이룰 것이라는 구절이 적지 않게 쓰여 있다. 유대교는 기독교와 비교할 때 민족을 뛰어넘는 보편 종교로서의 성격이 약하다고도 말한다.

마르틴 루터는 1543년에 간행한 『유대인과 그들의 거짓말에 대하여』라는 글에서 유대인은 더럽고 추하고 악마의 배설물 같다고 하면서 유대인의 회당과 학교, 기도서 등은 불태워야 하며 랍비의 설교를 금지해야 하고 그들의 재산은 몰수하고 영구히 추방해야 한다고 쓰고 있다. 이 글은 당시대에 유대인 박해로 이어지지는 않았다. 그리고 독일인들은 이 글을 곧 잊어버렸으나 뒷날 히틀러기 이 글을 이용하여 유대인 박해의 근거로 삼기도 했다고 한다. 그리고 이 글의 내용에 나타나 있는 것들이 유대인 박해의 이유라고 볼 수 있다고 할 수는 없다.

유대 전쟁 이후 완전히 로마의 지배하에 들게 되고 유대인들은 여기 저기 흩어지게 되었다(디아스포라). 이들의 다수가 유프라테스 유역에 자리 잡은 후 계속하여 페르시아, 아프가니스탄, 인도 그리고 중국에까지 가서 유대인 단체를 만들기도 했다.

7세기 초 마호메트가 일어나 이슬람 국가를 세운 후 그 후계자 오마르는 유대인을 적대시하여 관직을 주지 않고 인두세, 토지세 등을 징수하면서 차별대우를 하기 시작했다. 그러나 계속 차별대우를 한 것이 아니라 유대인을 우대한 시대도 있었던 것이다.

한편 스페인으로 이주한 유대인들은 로마 시대로부터 시민권을 갖고 다른 민족과 잘 융화하고 있었다. 그러나 스페인 즉 이베리아 반도에 기독교 국가가 들어서면서 유대인에게 기독교로의 개종을 강요하거나 추방하는 등 박해가 시작되었던 것이다. 그 후 이베리아가 이슬람 국가에 점령되어 서칼리프 왕국이라는 이슬람 국가가 건설된 후 가톨릭 국가와의 전쟁이 시작되면서 가톨릭 국가의 공격의 화살이 유대인에게도 향해지게 되었다. 그리하여 15세기 초부터는 유대인들에게 기독교로의 개종을 강요하면서 특별구역에만 거주하게 하고 복장도 구별하여 입게 하는 등 박해를 시작하게 되었던 것이다.

스페인 왕 페르난도 5세는 1492년 유대인 추방령을 내려 약 30만 명이 재산을 몰수당한 채 국외로 추방당하였다. 포르투갈에서는 마누엘 1세가 유대인을 추방하여 유대인들은 이태리, 모로코, 알제리, 튀니지, 터키 등지로 이주하기도 했다.

프랑크 왕국 내에서는 유대인들이 직공, 농부, 상인, 의사 등으로 활약하고 있었고, 프랑크 왕 칼Karl 대제는 이들을 보호하였다. 그러나 프랑크 왕국이 분열된 이후에는 유대인의 지위가 점점 악화되었다.

십자군 전쟁 이후에는 국제적 상업의 중개자였던 유대인의 활동이 제한되어 빈약한 소매업이나 전당포업 또는 금융업으로 옮겨갔다. 그리고 특히 고리대금업으로 인하여 주민들의 미움을 샀다. 또한 특별히 지정된 구역에 살아야 하며 특수한 황색 모자를 쓰고 다녀야 했다.

이탈리아에서는 종교재판소가 유대인의 문서를 소각하고 특별구역에 살게 하는 등의 명령을 내렸다. 스위스에서도 17세기에 유대인을 추방하였다. 오스트리아에서는 근거 없는 소문 때문에 박해가 있었다.

러시아에서는 피터 대제가 유대인을 관대하게 대했으나 에카테리나 여황제 때에는 유대인을 추방하였다. 알렉산더 3세의 정치고문을 한사람은 유대인의 3분의 1은 죽이고, 3분의 1은 추방하고, 나머지 3분의 1은 개종시켜야 한다고 주장하여 가혹하게 유대인을 박해하였다. 이후 25년간에 많은 유대인이 추방되었는데 미국으로 이주한 유대인은 약 300만 명에 이르렀다.

19세기 유대인 해방운동이 일어나고 있을 때 반유대주의Anti Semitism도 극성을 부리기 시작했다. 프랑스에서는 유대계 장교 드레퓨스 대위를 간첩혐의로 두옥하고 미국에서는 남북전쟁 후 흑인을 반대하는 단체인 쿠크 크락스 클란(KKK)이 반 유대주의를 하나의 강령으로 채택하기도 했다.

한편 19세기 말에는 반유대주의에 맞서 다시 유대인들을 결집하려는 운동이 일고 있었다. 프랑스의 '국제 이스라엘 민족협회', 독일의 '독일 유대교 국민 중앙회' 등이 설립되고 있었다. 이러한 움직임은 헤르츨Herzl과 노르도Nordau에 의하여 유대인의 고향 팔레스틴에 공적이고 법적인 안전한 국가를 건설하여야 한다는 시오니즘Zionism 운동과 연결되고 있었다. 그리하여 제1차 세계대전 중 영국 발포아 외상의 지지를 얻어 팔레스틴에 많은 유대인 거주지가 건설되었다.

1917년 공산주의 혁명 이후 소련 정부는 유대인을 해방하여 정부 요인으로 유대인이 많이 진출하였으나 슬라브인과 유대인이 융화하지 못하여 유대인 배척은 계속되었다. 소련 정부는 크리미아 반도로 유대인을 집단 이주시키려 했으나 크리미아의 주민들의 반대로 중지하였다.

러시아 혁명 초기에 반유대주의자들은 마르크스가 유대인이며 소련 정부 요인 트로츠키, 지노비에프, 카메네프 등이 모두 유대인이라고 하면서 러시아혁명과 공산주의 운동은 유대인에 의한 세계 정복 음모의 시작이라고 선전하였다. 1953년 1월 소련 정부는 유대인 의사를 중심으로 하는 '소련 지도자 독살 테러조직'이 발각되었다고 발표하였으나 3월에 스탈린이 사망하자 이 사건은 근거 없는 사건이었다고 다시 발표하기도 했다.

이처럼 오랜 세월 동안 세계 각처에서 배척과 박해를 받은 유대인 박해가 대규모로 가장 잔인하게 이루어진 것이 히틀러에 의한 유대인 학살 즉 홀로코스트Holocaust였다.

히틀러가 그렇게 많은 유대인을 잔인하게 살해한 이유가 무엇인가 하는 것을 충분히 설명할 수는 없다. 유소년 시절에 유대인으로부터 불이익을 당한 일 등이 많이 거론되지만 그것만으로 이유 설명이 부족하다.

당시 유행하고 있었던 민족적 우월론優越論의 영향을 많이 받았을 것이다. 가령 매디슨 그랜트의 『위대한 민족의 사멸』에서 북유럽 민족이 가장 우수한 민족이라고 말한 것 같은 경우이다. 히틀러는 '아리아인의 민족적 순수 혈통의 엄수'를 나치 정권의 사회적 정책으로 삼아 유대인을 열등민족으로 보고 그들을 박멸함으로써 아리아인의 순수혈통을 유지하려 했다고 보는 것이다. 히틀러는 연설을 통하여, "이 세계의 유대인은 우리 아리아인의 순수 혈통을 오염시키려는 음모를 꾸미고 있다. 이것을 저지하기 위해서는 조직적으로 그들을 사냥하여 사회로부터 제외시켜야 한다"라고 하면서 선전을 통하여 독일 국민을 세뇌시키려 했던 것이다. 이런 생각이 극단화되어 행동화한 것이 홀로코스트다.

1933년에는 '국가 공무원법', '의료법', '식량법' 등을 개정하여 유대인들을 공무원이나 의료사업, 농업 등에 종사하지 못하도록 하였다. 그리고 유대인의 피가 8분의 1만 섞여 있어도 공직에서 추방하고 기업경영을 하지 못하도록 하였다. 1938년 11월에는 '수정水晶의 밤' 사건이 있었다. 나치 당원과 돌격대가 전국의 유대인 주택과 상점을 습격하여 파괴하고 시나고그(유대인 회당)에 불을 질렀다. 이때 부서진 유리가 달빛에 반싹반짝 빛나는 것이 미치 수정 같다 하여 '수정의 밤'이라 했다. 제2차 대전 중 약 600만 명의 유대인을 학살했던 것이다. 이때 희생당한 유대인은 유대교의 순교자인 것이다.

유대인들을 보면 그렇게도 많은 위대한 철학자, 문학가, 예술가, 과학자를 배출하였는데도 고대로부터 현재에 이르기까지 계속하여 그렇게 압박당하였는지 알 수 없는 일이다. 그들을 열등민족으로 보고 박해했다는 사실도 박해 이유로서 이해가 되지 않는다. 지금도 팔레스틴 한가운데 있는 이스라엘과 주변 이슬람 국가들 사이에 전쟁과 살육이 계속되고 있다.

(3) 흥선대원군의 천주교 박해

"… 금년 1월에 철종이 돌아가매 … 흥선군의 둘째 아들 12세된 이를 맞이하여 왕위에 올리니, 세도가 흥선군에게로 넘어갔습니다. 이 사람은 성교를 해롭게 할 마음이 없고, 8명의 성직자가 국내에 있는 줄을 알뿐더러, 나와 어떠한 관계를 맺고 있는 외인 고관에게 주교의 이야기를 한 일이 있었습니다. … 그(흥선군)는 고관에게 말하기를 '만일 주교 가 그 러시아 사람들을 물리쳐 주면 성교에 대하여 신앙의 자유를 주겠다' 라고 하였다 합니다. …"

"그(흥선군)의 부인 즉 임금의 어머니는 천주교를 알고, 교리문답을 조금 배웠으며, 날마다 몇 가지 기도문을 외고 자기 아들이 왕위에 오른 것에 대하여 감사 미사를 드려달라고 내게 청했습니다. …"

위의 두 가지 글은 한국에 와 있던 프랑스 외방전교회 선교사로 당시 한국 천주교 주교인 베르뇌S. F. Berneux(1814-1866) 신부가 파리 외방전교회에 보낸 편지의 일부다. 흥선대원군은 천주교를 해롭게 할 마음이 없는 사람이라는 것, 대원군의 부인은 천주교 교리를 배웠다는 것, 그리고 이외에 임금의 유모 박씨는 영세를 받은 마르따 박이라는 것 등의 내용이 적혀 있다.

대원군은 천주교도들과 여러 가지 면에서 가까운 관계에 있었던 것 같다.

대원군의 종조부從祖父며 철종의 조부인 은언군의 부인 송씨와 며느리 신씨는 천주교도로 1801년 신유박해 때 순교하였다. 동지돈녕부사를 지낸 남상교와 그의 아들 전 승지 남종삼은 천주교도로 대원군과 가까운 사이였다고 하며 대원군의 사돈 조기진은 여러 가지로 천주교도들의 편의를 보아주었다고 한다. 또한 조기진의 며느리 즉 대원군의 딸도 교리서를 읽고 있는 것을 본 사람이 있다는 것이다. 그리고 대원군은 집권하기 전에는 남인들과 가까이 지냈는데 남인 가운데는 천주교도들이 많이 있었다는 것이다. 더구나 대원군의 부인은 죽기 2년 전인 1896년에 사가에 나가서 다블뤼Daveluy 주교로부터 세례를 받았다고 한다. 그리고 대원군은 10여 명의 프랑스인 선교사가 국내에 들어와 있는 것도 잘 알고 있었다.

이렇게 천주교를 싫어하는 처지가 아니었던 대원군이 집권 3년째에 갑자기 박해를 하게 된 이유는 무엇인가 하는 것에 대해서는 여러 가지 설이 있다. 그 하나가 선교사들이 정치에 개입하려 했기 때문이라는 것이다. 즉 러시아가 봉상을 요구하니 북쪽으로 들어오려 하기 때문에 이를 막을 방책과 관계되는 일이었다.

대원군은 집권 이전부터 중국에 서양 세력이 침투해 오는 것을 알고 있었다. 그리고 서양 세력이 강하다는 것도 알고 있었다. 일찍이 아편전쟁으로 중국이 영국에 굴복했고, 애로우 호 사건(1856)으로 영국과 프랑스가 중국군을 격파하고 천진조약(1858)을 맺고 이 조약의 비준서를 교환하려고 북경으로 가는 사절을 공격하였기 때문에 영불

양국은 다시 군대를 동원하여 이번에는 북경까지 점령하고 북경조약 (1860)을 체결하여 중국 일부의 땅과 이권을 양도했을 뿐만 아니라 기독교 포교를 허용할 수밖에 없었던 사실을 잘 알고 있었다.

이때 마침 천주교도로 대원군과 친분이 있는 남상교의 아들 전 승지 남종삼이 '방아책防俄策'(아라사 즉 러시아를 막을 방책)을 가지고 찾아왔다. 이 방책은 프랑스 선교사의 교섭으로 프랑스 군대를 동원하여 러시아의 남침을 막을 수 있다는 것이었다. 아울러 영국 세력도 끌어들여 삼국동맹을 맺으면 더욱 좋다는 것이었다. 이 방아책을 받은 대원군은 곧 선교사와 면담하도록 서울로 오게 하라고 했다.

그러나 당시 베르뇌 신부는 황해도에 가 있었는데 그를 빨리 상경시켜야 하는 비용이 없어 주저하고 있을 때 대원군의 사돈인 조기진이 돈 70냥과 가마를 주어 베르뇌를 상경시킬 수 있었다.

그런데 서울에 온 베르뇌는 선교사가 정치에 간섭할 수 없다 하면서 주저하는 태도를 보였다. 이렇게 차일피일 시일이 흐르고 프랑스 세력으로 러시아를 막아 보자는 방책도 성사되지 않자 대원군은 격노하여 천주교를 박해하게 되었다는 것이다.

다른 하나의 이유는 함경도 감사의 보고를 검토해 본 결과 러시아가 통상을 요구하는 것이 그리 걱정할 것이 아니라고 판단하여 외국 세력으로 러시아를 막아야 할 필요성이 없다고 생각했기 때문이었던 것으로 보기도 한다.

그러나 이 일 하나만으로는 그렇게도 대규모적이고 잔인한 박해를 하게 된 이유라고 단정하기는 어렵다. 이 무렵 천주교에 대한 대원군의 심경 변화를 알아차린 대왕대비 조씨와 보수적인 배외사상을 가

진 정부 요인들이 일제히 천주교 배척을 들고 나오면서 대원군의 천주교에 대한 유화정책을 비판하게 되었다. 이에 대원군은 자신의 정치적 위치와 권위가 위태롭다고 생각하게 된 것이 또 하나의 원인이라고 할 수 있다.

드디어 대왕대비는 천주교도를 빠짐없이 잡아들여 처벌하라는 천주교 금압령을 내리게 되고 천주교도를 체포하기 시작하였다. 그리하여 국내에 들어와 있는 프랑스인 선교사 11명 중 베르뇌를 위시하여 9명이 체포, 처형되었다. 이때 베르뇌 주교는 '성교聖敎의 진리를 위해 죽는 것은 당연하다'라고 하면서 당당하게 순교했다고 한다. 정부에서의 처벌 죄목은 '몰래 국경을 넘어 들어와 전도한 죄'였다. 이후 남종삼, 홍봉주 등 천주교도들이 다수 체포되어 참수당했는데 이들의 죄목은 '모반부도죄謀反不道罪'였다.

병인박해(1866)는 이전의 신해박해(1791), 신유박해(1801), 기해박해(1839) 등에 비하여 그 규모가 엄청난 것이었다. 황현은 그의 저서 『매천야록』에서 순교자가 2만 명이라 했고 심지어 박은식은 『한국통사』에서 12만 명이라고 했다. 그런데 당시 국내의 천주교도는 23,000명으로 집계되어 있으니 이것은 믿을 수 없는 통계이다. 그러니 파리외방전교회에서는 약 8,000명이라 했다. 이 통계가 가장 적절한 기록이라고 보이지만 이 숫자도 영국 역사학자 기본Gibbon이 『로마제국쇠망사』에서 로마 제국 시대에 순교한 기독교도가 1,500명이라고 한 것에 비하면 엄청난 숫자인 것이다.

병인박해는 1866년 한 해에만 끝난 것이 아니었다. 뒤따라 일어난 여러 가지 사건들이 대원군의 천주교도 박해를 한층 더 자극하였다.

1866년 2월에는 독일인 오페르트Oppert가 충청도 덕산에 있는 대원군의 아버지 남연군의 무덤을 도굴하려다 실패하고 도망간 사건이 있었다. 이 사건으로 대원군은 격분하여 남아 있는 천주교도를 엄중히 단속하라는 명령을 내렸던 것이다. 그리고 7월에는 미국인 소유의 선박 제너럴 셔먼 호가 대동강을 거슬러 올라왔다가 선원들이 평양 시민을 폭행하는 등 행패를 부려 평양의 관민이 이 배에 불을 지르고 강가로 나오는 사람을 모두 살해한 사건이 있었다. 당시 이 배를 타고 한국에 전도하려고 왔던 영국 런던 선교회 소속 선교사 토마스Thomas 목사도 함께 살해되었다. 그는 한국 최초의 개신교 순교자가 되었다. 이 사건 또한 대원군을 격분케 하였던 것이다.

토마스 목사가 상륙하자마자 순교함으로써 직접적인 선교는 하지 못했지만 간접적인 선교를 거두었다. 즉 토마스 목사가 죽을 때 뿌린 성경(한문)을 주워가지고 간 사람이 이 성경을 읽어 보고 뒤에 교인이 되었다는 이야기가 전해지기도 한다.

대원군을 한층 더 격분케 한 것은 병인양요 즉 프랑스 함대의 강화도 침입사건이었다. 1866년 9월에 프랑스 군함 7척에 해병대를 싣고, 앞서 병인박해 때 중국으로 피해 갔던 리델 신부가 물길 안내인이 되어 강화도를 공격하여 다수의 강화 수비군을 죽이고 강화도에 있는 외규장각의 귀중한 서적들을 약탈하여 갔다. 이러한 사건 곧 병인양요 후에 대원군은 외세를 배척하라는 척화문을 배포하고 쇄국정책을 한층 더 강화해 나갔던 것이다.

1871년에는 미국 해병대가 강화도를 침범한 사건 즉 신미양요가 있었다. 앞서 1866년 대동강에서 소각된 셔먼 호의 행방을 수색하던 미국 군함이 드디어 1871년 4월 군함 5척에 1,230명의 해병대를 동원하여 강화도에 침입하였는데 이때 조선군은 450여 명의 사상자를 냈고 미군은 많은 조선군의 무기를 노획하여 돌아갔다.

이 신미양요 후에 대원군은 "서양 오랑캐가 침범하는데 싸우지 않고 화친하면 나라를 팔아먹는 것이다"라는 문구를 새긴 〈척화비斥和碑〉를 전국 각지에 세워 외세 침략을 더욱 경계하였던 것이다.

대원군의 천주교 박해는 1866년에 시작되어 대원군이 권좌에서 물러날 때까지 계속되었다.

1895년 뮈텔Mütel 신부가 『치명일기致命日記』를 간행했는데 여기에는 877명의 순교자의 출생지, 나이, 신앙 상태, 순교 일자 등이 기록되어 있다. 이 치명일기를 자료로 하여 1968년에 26명을 시복諡福하고 1984년에는 이 중에서 24명을 시성諡聖하였다.

7. 맺는 말

우선 순교를 무엇이라 정의할 것인가 하는 것부터 모호하다. 따라서 이 글은 순교가 무엇이라는 정의를 다른 사람들의 글로만 표현하고 필자의 정의는 내리지 못했다. 아니 정의를 내릴 수가 없는 것이다.

순교의 표본은 예수 그리스도에게서 찾아야 한다. 참 하나님이 참 사람이 되어 세상에 와서 사람이 겪는 고통들을 다 겪고 사람으로 죽었다. 보통 인간들과 같이 그리스도께서도 고난을 피하려는 기도를 드리기도 했다.

예수 그리스도의 이런 순교 모습을 따라간 이들이 많이 있다. 인간이기 때문에 어떤 순교자들은 다니엘이 사자 굴에 던져졌으나 아무 탈 없이 살아난 사실이나 사드락, 메삭, 아벳느고가 뜨거운 풀무불 속에서 살아 나온 것 같은 기적을 바라면서 형장으로 갔을는지도 모른다. 반면에 구원의 기도를 아무리 드려도 침묵하여 응답이 없는 신을 원망하면서 형장의 이슬로 사라진 사람도 있었을는지 모르는 일이다. 어떤 사람들은 "환란 날에 나를 부르라 내가 너를 건지리니 네가 나를 영화롭게 하리로다"라는 시편을 외우고 "나를 건져 주시옵소서 내가 주께 영광 돌리겠나이다"라는 기도를 드리면서 순교한 사람들도 있었을 것이다.

그런데 예수의 제자들은 한결 같이 그리스도를 증거하면서 기쁨으로 죽음을 받아들였다고 기독교 전승들은 전한다.

다만 베드로만이 예수를 세 번 부인하고 한 번 박해를 피해 가다가 회심하여 즐거운 마음으로 순교했다고 전승(傳乘)에서는 말한다.

모든 시대에 있어서 모든 사상이나 종교는 그것이 생길 때에는 참신하고 따를 만한 가치가 있다고 보고 정치 사회와 사상계를 지배하는 지도이념으로 등장하지만 오랜 기간을 경과하면서 타성에 빠져 형식화되고 계급화되었을 때 이에 반발하는 이념들이 생겨나게 마련이다. 가령 모세의 율법이 당시 팔레스틴에서는 가장 훌륭한 지도이념이었으나 예수 당시 바리새인이 지배하는 시대에 이르러 형식화・계급화되었을 때 예수는 새로운 지도이념을 가지고 등장하게 되매 구 지도이념의 계층이 새로운 이념에 대하여 박해를 가하게 된다. 그리고 예수의 사상이 로마로 들어갔을 때에도 또한 로마 사회의 지도 이념과 충돌하여 박해를 당하게 된다.

그러나 예수의 가르침 곧 기독교가 로마를 석권하고 로마 유일의 종교로 군림했을 때 이번에는 기독교가 이질적인 이른바 이단을 징치하는 박해자의 자리에 서게 되었던 것이다.

종교개혁 시대에 이르러서는 각 제후와 영주들이 신앙의 문제보다는 자국 또는 자기 영지의 이익을 우선하여 구교 혹은 신교의 편에 서서 서로 분쟁하였다. 예를 들면 루터의 종교개혁 운동을 그 시작부터 도왔고 항상 루터를 보호해 주었던 작센Sachsen 선제후 프리이드리히 현명공은 1525년 죽음에 임하여 루터의 감화로 성찬을 받았을 뿐 결코 루터파로 개종하지 않았다. 프랑스 종교동란 중 유그노의 지도자였던 헨리 4세는 프랑스 왕이 되기 위하여 구교로 개종했을 뿐 즉위 후에도 항상 신교도에게 편의를 제공하였다. 결국 그는 열광적 구교도에게 암살당했다.

종교개혁 운동 이후 가톨릭에서도 혁신운동이 일어나 '예수회'가 창설되어 외방선교에 열을 올리게 되자 특히 아시아 지역에서 많은 문제들이 일어나게 되었다. 가톨릭 선교사의 뒤에는 반드시 침략군이 따라온다고 여긴 것이었다. 이런 경우 피신교국에서는 선교사를 침략군의 앞잡이로 보고 그들을 박해하게 된다. 특히 중국에 대한 서양 세력의 침입이 그런 양상을 띠는 일이 있었다. 앞서 언급한 애로우호 사건에 프랑스가 가담하게 된 것은 중국에서 프랑스 선교사를 살해했기 때문이었다. 특히 북경조약 이후 포교의 자유가 인정되어 선교사들이 중국 각지에 교회와 병원을 세우고 선교활동을 전개하자 이에 반발하여 복주교안福州教案(1864), 천진天津교안(1870) 등이 일어나 교회를 파괴하고 교인을 습격하거나 선교사를 살해하는 일들이 일어나기도 했던 것이다.

한국에서의 황사영 백서사건도 당시 조선인들에게는 천주교도가 나라를 서양 오랑캐에게 팔아먹는다는 생각을 갖게 하였던 것이다.

제주도 신축 천주교도 박해사건도 우선 천주교도가 일차적 원인을 제공함으로써 발단된 것이었다. 그리고 민란 진압 과정에서 프랑스 군함이 출현한 것으로 인하여 제주도민의 천주교도 박해가 격심해졌던 것이다.

위에서 보아온 바에 의하면 박해의 이유가 뚜렷하지 않은 경우가 많이 있었다. 또는 표면상의 박해 이유와 이면의 박해 이유가 다른 경우도 많이 있었던 것이다.

유대인에 대한 멸시와 박해의 경우도 그 이유를 전혀 알 수 없다. 어떻게 고대로부터 현대에 이르기까지 유대인들에 대한 민족적 차별이 계속되는 것인가? 현재도 중동 지역에서는 이슬람 국가들과 이스라엘 간의 분쟁이 계속되고 있는 이유는 무엇인가?

순교를 피해 간 사람들의 경우에도 사실은 순교한 사람들보다는 순교를 피해 간 사람들이 더 많다. 일본 기독교도들이 후미에를 당당하게 밟음으로써 배교한 것처럼 위장하고 풀려나서는 다시 교회로 돌아간 현상이나 일제 지배하의 한국에서 신사참배를 피하여 국외로 나가거나 신사참배를 허용하고서도 교회에 남아 있던 사람들, 북한에서의 공산주의자들의 박해를 피하려고 남쪽으로 온 사람들이 이에 속할 것이다.

이 글은 필자의 장인인 서용문 목사 순교 60주기에 즈음하여 써 본

글이다. 서용문 목사는 1950년 10월 만 45세의 나이로 순교했다. 그리고 필자는 생전의 서용문 목사를 한 번도 만나본 적이 없다. 다만 서용문 목사의 생애와 순교 전후 상황에 대하여 이야기를 들었을 뿐이다. 그리고 남북 분단 이후 6·25 전란 무렵 목사와 평신도들의 순교에 관한 많은 이야기들이 남아 있다. 그래서 순교라는 것에 대한 여러 가지 문제와 상황들을 역사를 더듬어 생각해 보려 했던 것이다.

60년 전 대동강 변에서 순교하신 장인어른 서용문 목사님의 영전에 이 작은 글을 드립니다.

전쟁을 종식시키는 남북한 평화협정이
되어야 한다.
- 협정의 내용은 ~~휴전협정~~ 정전협정 대신에 기존의
협정을 평화협정 쪽으로 전환시키고
한 불가침조약을 체결하는 것이어야 한다.
- 협정의 체결과 남북한의 상호신뢰가
~~고~~ 대화와 연간 합의된 교류가 진영
에 주안 내도록 철수하여야 ~~한다~~, 하며
위인로 사령목는 해체되어야 한다.
- 협정에 의거하여 상호협상에 의하여
력을 점차적으로 감축하여야 한다.
                  는 핵무기와
~~~도에 배치되어 있~~ ~~어떤~~ 한반도를 향하여
된 모든 핵무기는 철거되어야 하며
~~~도는「비핵지대역」으로 선포되어야 한다.
한~~~ 민족의 통일은 평화적 통일이어야
~~~ 민족통일의 과정에서 평화적 관계가
되어야 하며 이를 위하여 상호 적대감을 풀고
~~~ 긴장성을 감소시키고 상호 비방과
~~~~~~~~. 악의적인 선전을 중단하고,
~~~~~~. ~ 체제의 평화적 공존관계를 ~

부록

민족의 통일과 평화에 대한 한국기독교회 선언

민족의 통일과 평화에 대한 한국기독교회 신학 및 정책선언

민족의 통일과 평화에 대한 한국기독교회 선교정책 선언 기초위원:

강문규
오재식
이삼열
김용복
노정선
민영진
홍근수
김창락
서광선

일명 "88선언"의 정식 명칭은 "민족의 통일과 평화에 대한 한국기독교회 선언"(1988년 2월 29일)입니다.

1988년 2월 29일 한국기독교교회협의회(KNCC) 총회에서 기립 박수로 채택한 "민족의 통일과 평화에 대한 한국기독교회 선언"(88선언)은 오재식, 강문규, 이삼열, 김용복, 박종화, 노정선, 민영진, 홍근수, 서광선(무순) 등이 공동 집필한 것이다. 서광선이 이 문서의 대표집필을 맡아 9인 위원의 제안과 초안을 종합하여 최종 집필하였다. 6·25 한국전쟁을 평양에서 겪고 아버지의 순교를 목도하면서 전쟁이 아니라 원수에 대한 용서와 화해와 평화 구축을 통하여 통일을 이룩하여야 한다는 순교자 아버지의 유지와 그리스도의 가르침과 기독교 정신으로 문서 작성에 임하였음을 밝힌다.

민족의 통일과 평화에 대한 한국기독교 선언

한국기독교교회협의회는 한국교회와 세계 에큐메니칼 교회 공동체 앞에 민족의 통일과 평화에 관한 선언을 하면서 남북한 정부와 국민에게 기도하는 마음으로 호소하는 바이다.

우리는 먼저 이 땅에 그리스도의 복음을 전파하셔서 예수 그리스도의 십자가의 죽음과 부활을 믿음으로 알게 하신 하느님의 구원의 은혜와 사랑에 찬양과 감사를 드린다. 하느님의 성령이 한국의 역사 안에 역사하셔서 민족의 해방과 구원을 위하여 교회가 하나되어 일할 수 있는 선교의 결단을 주신 것을 믿고 감사하는 바이다.

하느님은 만물을 창조하신 한 분 창조주이시며 모든 인간은 하느님의 자녀인 것을 우리는 고백한다. 예수 그리스도는 평화의 종으로서 인간 세상에 오셔서 분단과 갈등과 분단의 역사로부터 평화와 화해와 해방의 하느님 나라를 선포하신 구원의 주님으로 믿는다. 성령은 우리로 하여금 역사의 종말론적 미래를 보게 하시고 우리로 하나 되게 하셔서 하느님의 역사에 참여하게 하시는 것을 믿는다.

우리의 기본적인 신앙고백에 입각하여 한국교회는 교회와 민족의 분단의 고통을 통감하고 이를 극복하려는 모든 신앙적 노력에 임할 수 있는 것이다. 예수 그리스도는 우리 인간들을 하느님과 화해하게 하고 인간들 사이의 분단과 갈등을 극복하고 해방시켜서 하나 되게 하시기 위하여 고난을 받으사 십자가에 못 박혀 죽어 묻히셨으나 다시 부활하신 것을 믿는다. 그리스도는 평화를 위하여 일하는 자를 축복하셨으며 우리를 평화의 사도로 부르셔서 오늘의 한국 민족의 분단과 분쟁을 극복하고 통일과 평화를 구현하는 역사적 선교에 참여하게 하시는 것을 믿고 고백하는 바이다.

정의와 평화를 위한 한국기독교회의 선교적 전통

200여 년 전 그리스도의 복음을 감사와 감격으로 받아들인 이래 한국 그리스도인들은 한국 민족의 희년의 해방의 희망을 이 땅에 실현하기 위하여 하느님 나라 선포의 길을 걸어왔다. 한국 기독교회는 성령의 인도에 힘입어 가난한 이들에게 복음을 선포하고, 억눌린 백성에게 자유와 자주의 희망을 심어 주고, 일제에 노예된 한국 민족과 함께 고통을 나누며 민족의 해방과 독립을 위하여 선교하여 왔다.

한국의 그리스도인들은 평화의 의미를 노예적 굴종에 따르는 안일함과 안정에서 찾지 않았다. 평화는 정의의 열매이며 민족적 독립과 인간적 자유가 없는 평화는 거짓 평화라는 것을 인식하였다. 따라서 일본 제국주의 식민지 강점하에서의 한국교회의 평화운동은 민족의 독립운동이었다. 노예된 민족의 아픔에 동참하고, 하느님 나라의 희망을 믿음으로 구현하는 신앙으로 민족해방운동이었다

1919년 3·1 독립운동에 한국의 그리스도인들은 앞장서서 참여하였으며 일본제국주의의 민족말살 정책에 항거하였고 일제의 군국주의를 종교화한 신사참배 강요에 항거하여 다시금 순교의 피를 흘렸다. 1945년 8·15 광복 이후 남한의 그리스도인들은 분단의 현실에서 고통당하는 피난민들과 전쟁고아들과 희생자들을 돌보아 왔다. 북한을 떠난 이산가족들과 교우들을 교회의 품안에 받아들였고 사랑의 치유를 하여 왔다. 분단의 고착화와 함께 안보를 구실로 군사독재정권을 강화하여 인권을 유린하고, 경제성장 논리로써 노동자와 농민을 억압하는 정권에 대하여 평화와 정의에 대한 신앙으로 저항하여 왔다. 사회정의가 없는 평화는 노예적 굴종이며, 인권을 억압하고 자유와 민주주의를 유보하는 안보는 거짓 평화라는 것을 인식하였던 것이다. 1970년과 80년대 한국교회의 민주화 운동은 정의와 평화를 위한 선교운동의 전통을 이어받은 것이다.

민족 분단의 현실

한반도의 남북 분단은 현대 세계 인류의 정치적 구조와 이념체제가 낳은 죄의 열매이다. 세계 초강대국들의 군사적 이념적 대결과 상호 분쟁의 죄악으로 인하여 한국 민족은 속죄양의 고난을 당하여 왔다.

1945년 세계 제2차 대전의 종전은 한국 민족에 있어서 일본제국주의 식민지 노예상태로부터의 해방이었으나 동시에 민족 분단의 노예적 속박의 시작이었다. 일본제국주의 침략군대의 무장해제라는 명목으로 설정된 남북 분단선은 소련과 미국의 냉전체제에 의하여 고착화되었고 남북한에는 각각 분단 정부가 수립되어 지난 40여 년간 군사적 정치적 이념적 갈등과 분쟁이 심화되어 왔다.

1950년 6·25 한국전쟁은 동족상잔의 비극을 낳았으며 국제적 갈등은 극대화되었다. 제2차 세계대전 동안에 구라파 전 지역에 투하된 폭탄보다 더 많은 양의 폭탄이 투하되어 한반도를 초토화시켰다. 이 전쟁에서 남한군 22만 명, 이북 공산군 60만 명, 중공군 100만 명의 희생자와 미군 14만 명, 유엔군 16만 명의 사상자를 내었으니 실로 250만의 군인들이 희생되었다. 민간인 남한 50만과 북한 3백만을 합치면 6백만 명의 피가 이땅에 쏟아졌다는 것이다. 그리고 3만 명의 피난민과 천만 명의 이산가족을 낳게 되었다.

전쟁으로 초토화된 한반도는 다시 남북으로 분단되었고, 동서냉전 체제의 국제정치적 갈등과 반목으로 인한 군비경쟁과 상호불신, 상호비방과 증오와 적대감정은 분단을 영구화시키고 있다. 한반도의 평화는 파괴되었고 민족의 화해는 영원히 불가능한 것으로 절망하게 되었다. 기독교와 종교를 부인하는 북한 공산정권과 대립한 북한의 그리스도인들은 순교의 희생을 치루어야 했고, 수십만의 북한 기독교인들은 고향과 교회를 버리고 월남 피난생활을 감내하게 되었다. 한국전쟁 동안 남한의 기독교인들과 공산주의 추종자들은 이념전쟁의 희생자로서 납치되고 살상되고 참혹한 살육의 고통을 경험하였고 "부역"이라는 명목으로 사회적 매장을 당하여 왔다.

6·25휴전 이후 "비무장지대"라고 불리우는 남북 분단의 벽은 높아져 갔고 남북한의 두 체제는 단절과 대결 속에서 적대적이며 공격적인 관계를 지속시켜 왔다. 남북한의 군비경쟁은 북한병력 84만과 남한병력 58만을 합치면 150만 군대의 무장대치에 이르렀고, 한반도에 배치되었거나 겨냥되고 있는 핵무기는 이 땅을 없애 버리고도 남는 가공할 파괴력을 보유하기에 이르렀다. 남북 대화의 길은 1972년 이른바 7·4 공동성명이 계기가 되어 트이기 시작하여 대화와 협력과 교류의 희망을 가지게 되었고 1985년 남북적십자 회담 재개와 이산가족 고향방문이 이루어졌으나 그 수는 극히 제한되었으며 대화와 협상은 다시금 결렬상태에 놓여 있는 형편이다.

민족의 분단이 장기화되면서 남북한 분단체제는 국민들 사이에 적개심을 고취하고 안보논리를 강요함으로써 군사력을 증강하여 평화를 위협하여 왔으며 나아가서 안보논리와 경제성장과 이데올로기의 보수를 이유로 군부독재정치를 강화하여 왔다. 그리하여 양 체제에서의 인권은 안보와 이데올로기의 이름 아래 말살되었고 언론과 출판과 결사 집회의 자유는 억압되어 왔다. 그리고 서신왕래도, 방문도 통신도 두절된 양쪽은 한 땅덩어리 위에서 가장 멀고 이질화된 나라가 되었다. 남북한의 교육과 선전은 상호 비방 일색이며 상호체제 경쟁을 통하여 상대방을 약화시키고 멸절시켜야 한다는 철천지원수로 인식하게 한다. 따라서 남북한 국민들은 동족의 생활과 문화에 대하여 서로 무식할 뿐 아니라 서로 알아서는 안 되는 관계로까지 길들여져 왔던 것이다. 같은 피를 나눈 동족을 가장 무서운 원수로만 인식하게 한 것이다.

이러한 분단의 역사속에서 북한 공산정권과 대립했던 6·25 한국전쟁 이전의 북한의 기독교는 순교의 희생을 치루어야 했고, 수십만 북한 그리스도교인들은 고향과 교회를 버리고 월남 피난생활을 감내해야 했다. 그 이후로 북한의 그리스도인들과 교회의 존재 여부에 대하여서는 확인할 수 있는 길도 차단된 채 남한 그리스도인들은 북한 공산정권에 대한 깊고 오랜 뼈에 사무치는 불신과 적개심을 품게 되었고 이른바 반공 이데올로기에 교조적으로 집착하기까지 이르렀던 것이다.

분단과 증오의 죄책고백

한국의 그리스도인들은 통일과 평화에 관한 선언을 선포하면서 하느님 앞과 민족 앞에서 깊고 오랜 증오와 적개심으로 가득찬 분단의 죄책을 고백한다.

　1. 한국 민족의 분단은 세계 초강대국들의 동서냉전 체제의 구조적 죄악의 결과일 뿐 아니라 우리 사회 내부의 구조악의 원인이 되어 왔다. 분단은 죄의 열매이며 또한 우리가 범하여 온 구조악의 씨이며 뿌리이다. 분단으로 인하여 우리는 하느님의 계명을 범하는 죄를 범하여 왔다. 우리는 갈라진 조국 때문에 같은 피를 나눈 동족을 미워했고, 속이고, 살인하였고, 그 죄악을 정치와 이념의 이름으로 오히려 정당화하는 이중의 죄를 범하여 왔다. 분단은 전쟁을 감행하게 하였으며, 다시 전쟁 방지의 명분으로 최강 최신의 무기로 재무장하고 병력과 군비를 강화하는 데 찬동하고 있다. 이러한 과정에서 군사적으로만 아니라 정치 경제 각 분야에서 외세에 의존하게 되고 동서냉전 체제에 편입 예속되어 민족적 자존심을 포기하고 자주독립정신을 상실하는 반민족적 죄악을 범하여 온 죄책을 고백한다.

　2. 민족 분단의 역사적 과정에서 한국의 교회들은 침묵하였으며 오히려 분단을 정당화한 죄를 고백한다. 남북한의 그리스도인들은 각각의 사회가 강요하는 이념과 체제를 절대적인 것으로 우상화하여 왔다. 이것은 하느님의 절대적 주권에 대한 반역이며, 하느님의 뜻을 이루어야 할 교회가 정권의 뜻에 따른 죄이다. 특히 남한의 그리스도인들은 반공 이데올로기를 종교적인 신념으로 고착시키는 과정에서 이북 공산정권을 적대시하여 왔고 따라서 북한 동포에 대한 증오심을 키워 왔고 동족을 저주하여 온 죄를 고백한다. 이는 평화와 화해와 원수 사랑의 그리스도의 계명을 파기한 죄이며 분단에 의하여 고통받았고 또 아직도 고통받고 있는 이웃을 그리스도의 사랑으로 치유하지 못한 죄이다.

민족통일을 위한 한국교회의 기본 원칙

이 땅에 정의롭고 평화로운 하나님의 나라를 세우는 데 이바지해야 할 우리 그리스도인들은 평화와 화해의 복음 실천하며, 동족의 삶과 고통에 대해 책임을 지는 길이 민족의 화해와 통일을 이룩하는 데 있으므로 통일에 대한 관심과 노력은 곧 신앙의 문제임을 인식한다. 통일은 곧 민족의 삶과 세계 평화를 위협하는 반평화적인 분단을 극복하고, 갈등과 대결에서 화해와 공존으로 나아가는 것이며, 마침내 하나의 평화로운 민족 공동체를 이룩하는 것을 말한다. 그러나 한국교회는 분단 초기부터 이의 극복과 통일을 위해 노력하지 못했으며, 오히려 분단의 심화에 기여했을 뿐 아니라 북한에 대한 전쟁과 무력대결마저 찬양하는 반평화적이며 반통일적인 과오를 범해 왔다. 이제 한국의 그리스도인들은 이와 같은 죄책과 과오를 고백하면서 민족의 삶과 평화에 대한 책임을 다짐하며, 통일을 위한 그리스도인의 사명을 다할 것을 결의하는 바이다.

한국기독교교회협의회는 "민족통일연구위원회"의 협의를 통하여 민족통일을 향한 한국 기독교의 기본적인 원칙과 정책을 다음과 같이 설정한다. 한국기독교회의 민족통일을 위한 기본적 원칙은 1972년 남북 7·4공동성명의 정신에 입각하여 한반도의 평화와 분단된 민족의 화해를 위한 교회의 사명을 다하기 위한 선교의 방향을 제시하기 위한 것이다.

민족 자주의 원칙
1. 민족통일은 그 과정에 있어서 외세에의 의존이나 외세의 간섭 없이 자주적 입장과 국민적 합의 에 의하여 진행 되어야 한다.
2. 우리가 지향하는 통일의 최종목표는 1민족 1국가 1체제여야 한다.
3. 통일에 관한 정책 수립과 진행과정에 있어서 민족구성원 전체가 민주주의적으로 참여할 수 있어야 한다.

인도주의의 원칙
1. 남북한 이산가족들의 만남과 서신왕래를 허용하고 이를 위하여 정부기관과 민간단체는 협력하여야 한다.
2. 남북한의 국민들이 연례年例적으로 일정한 기간 동안 친척과 고향을 방문할 수 있는 제도적 조치와 이를 집행하기 위한 기구가 구성되어야 한다.

민족동질성 회복의 원칙
1. 남북한 국민들의 상호이해와 신뢰회복을 위하여 상호 방문이 허용되어야 한다.
2. 남북한 이념과 체제의 차이를 이해하기 위하여 신문 잡지를 포함한 간행물과 출판물의 상호 교통이 허용되어야 한다.
3. 남북한 전파매체의 개방이 허용되고 보도기관의 취재와 보도를 허용하여야 한다.
4. 언어, 역사, 지리, 생물, 자연자원을 학술분야와 문화 예술·종교 분야에서의 학술 교류를 허용하여야 한다.
5. 남북한 간 스포츠 경기의 교류가 허용되어야 한다.

평화의 원칙
1. 한국 전쟁을 종식시키는 남북한 평화협정이 체결되어야 한다.
2. 평화협정의 내용은 북한과 미국과의 휴전협정을 평화협정으로 전환시키고 남북한 불가침조약을 체결하는 것이어야 한다.
3. 평화협정의 체결과 남북한의 상호신뢰가 회복되고 대화와 민간차원의 교류가 이행될 때 주한 미군을 철수하여야 하며 주한 유엔군 사령부는 해체되어야 한다.
4. 평화협정에 의거하여 상호협상에 의하여 군사력을 점차적으로 감축하여야 한다.

5. 한반도에 배치되어 있는 핵무기와 한반도를 향하여 겨냥된 모든 핵무기는 철거되어야 하며 한반도는 "비핵지역"으로 선포되어야 한다.
6. 민족의 통일은 평화적 통일이어야 한다.
7. 민족통일의 과정에서 평화적 관계가 유지되어야 하며 이를 위하여 상호 적대감과 공격성을 감소시키고 상호비방과 배타적이며 악의적인 선전을 중단하고, 두 체제의 평화적 공존관계를 유지하여야 한다.

위에서 설정한 기본원칙에 입각하여 한국교회는 남북한 정부에 대하여 다음과 같이 제안한다.

1. 남북한 정부가 제시하는 통일방안의 공통점은 평화적 이며 점진적 통일방안으로서 잠정적 공존관계의 유지와 상호 교류와 대화로써 적대관계의 종식과 신뢰회복을 통한 민족동질성의 확립이며 궁극적으로 1민족 1국가 1체제의 통일국가 형성을 목표로 하는 것을 재확인한다.
2. 남북한 정부는 국민들이 자주적으로 통일정책수립에 참여하고 통일정책 논의에 자유롭게 참여할 수 있도록 언론의 자유를 보장하고 통일문제의 연구와 정책 진행을 위한 민간기구와 기관의 활동을 보장한다.
3. 남북한 정부당국자들은 한반도의 평화정착을 위하여 조속한 시일 안으로 대화의 통로를 재개하고 전쟁상태 종식을 위한 각종 평화협상과 감군협상을 촉진하고 민간차원의 교류와 이산가족의 재회를 위하여 노력한다.
4. 남북한 정부는 이념과 체제를 초월한 외교관계를 촉진하여 이른바 남북한 교차 승인과 유엔에의 남북한 동시가입을 구현함으로써 평화공존의 국제적 기반을 구성 한다.

평화와 통일을 위한 한국교회의 과제

한국 기독교교회협의회는 평화와 화해의 선교적 사명을 다하고 민족 분단의 고통에 참여하고 통일로서 이를 극복하는 역사적 요청에 응답하기 위하여 회개와 기도하는 마음으로 평화와 통일을 위한 한국 그리스도 교회의 과제를 제시한다.

  1. 한국기독교교회협의회는 1995년을 평화와 통일의 희년으로 선포한다. 주님의 성령이 나에게 내리셨다. 주께서 나에게 기름을 부으시어 가난한 이들에게 복음을 전하게 하셨다. 주께서 나를 보내시어 묶인 사람들에게 해방을 알려주시고 눈 먼 사람들은 보게 하고 억눌린 사람들에게는 자유를 주며 주님의 은혜의 해를 선포하게 하셨다 (눅 4:17, 18). '희년'은 히브리 "성령달력"에 따라 설정된 안식년이 일곱 번 되풀이되는 49년이 끝나고 50년째 되는 해이다. 희년은 "해방의 해"이다. 히브리 전통에서 희년의 선포는 노예를 해방하고 팔렸던 땅을 주인에게 반환하고 모든 빚을 탕감하는 해방의 선포의 해이다. 한국교회가 1995년을 희년으로 선포하는 것은 1945년 제1의 해방의 해를 기점으로 하여 50년째 되는 해를 제2의 해방의 해로 축하하고 준비하기 위한 것이다. 분단의 49년을 청산하는 평화와 통일의 희년을 선포하는 것이다.

  2. 평화와 통일의 희년을 준비하기 위하여 한국교회는 평화와 화해의 결단을 하는 신앙공동체로서 다음과 같은 일을 함께 실행해 나갈 것을 약속한다.

    가. 한국교회는 평화에 관한 성서연구와 신학연구 등 평화교육을 심화시키고, 이를 위하여 각종 신학연구기관과 기독교교육기관은 연구와 정보교환을 촉진시킨다.

    나. 한국교회는 민족통일에 관한 교회의 관심을 높이기 위하여 분단과 역사의 인식과 분단에 관한 신학적 인식을 통하여 민족통일의 역사적 및 신학적 당위성을 인식하게 하는 통일교육을 심화시킨다.

다. 한국교회는 기독교 신앙에 대한 신학적 성찰과 결단을 통하여 공산주의 이데올로기에 대한 학문적 이해를 심화시키고 이념적 대화를 진행시킬 수 있는 이데올로기 연구와 교육을 촉진시킨다.

라. 한국교회는 평화와 통일의 희년을 기념하는 "평화와 통일 기도주일"을 설정하고 예배의식을 개발한다. 이 예배의식에는 통일을 위한 기도, 분단의 죄책 고백, 소망과 결단, 분단의 희생자들과 분단 민족을 위한 중보의 기도, 민족화합을 위한 신앙고백, 말씀선포(희년선포), 찬송과 시, 평화와 화해를 위한 성례전 등을 포함시켜야 한다.

마. 한국교회는 북한의 기독교 신앙공동체의 존재를 인정하고 하느님의 임재와 사랑을 감사하면서 그들의 신앙과 삶을 위하여 기도하며 남북한 교회의 상호교류를 실현하기 위하여 노력한다.

바. 남북한 교회의 상호왕래가 실현될 때까지 세계교회의 협력을 통하여 평화와 통일의 희년을 남북한 공동으로 선포하고 "평화와 통일 기도주일"을 공동으로 지키는 일을 추진한다.

사. 한국교회는 세계교회의 협력을 통하여 이산가족의 생사확인, 서신왕래의 가능성을 모색하여 남북으로 헤어진 교우와 친척, 친구 찾기운동을 전개한다.

3. 한국교회는 한국기독교교회협의회의 '통일문제연구위원회'를 '통일연구원'으로 승격 상설연구기관으로 설립하고 그 설립기금과 운영비를 위하여 헌금운동을 전개한다.

4. 한국교회는 타 종교와의 대화를 확장 심화시키고 평화와 통일을 위한 연대의식을 촉진시켜 공동연구와 연합행동을 전개한다.

5. 한국교회의 평화와 통일을 위한 신앙운동이 세계 에큐메니칼 운동과 연결됨으로써 세계의 평화와 정의를 위한 질서 형성에 기여하게 한다. 이러한 맥락에서 세계기독교교회협의회와의 협의와 북미교회협의회 서독교회와의 협의회

에서 제시한 에큐메니칼 통일정책 방안에 동의하며, 세계 교회와 함께 발표한 공동선언문 등을 지지하는 바이다.

1988년 2월 29일
한국기독교교회협의회

한국기독교모리협의회는 평화와 화해의
선교적 사명을 다하고 민족분단을 분단의
고통에 참여하고 통일로서 이를 극복하는 역사적
요청에 응답하기 위하여 회개와 기도하는
마음으로 평화와 통일을 위한 한국 그리스도
모리의 과제를 제시한다.

                              1995년을
1. 한국기독교모리협의회는 ˇ평화와 통일의
   희년을 선포한다.
   주님의 성령이 나에게 내리셨다.
   주께서 나에게 기름을 부으시어
   가난한 이들에게 복음을 전하게 하셨다.
   주께서 나를 보내시어
   묶인 사람들에게 해방을 알려주고
   눈먼 사람들을 보게 하고
   억눌린 사람들에게 자유를 주며
   주님의 은혜의 해를 선포하게 하셨다.
        희브리 「성령얼럭」에 따라 선정된 (눅 4:17,18

「희년」은 ˇ안식년이 ❀ 7번 맞물려 돌이되는
  49 년 ~~~~~~~~~~
  이끌남은 ~~~~~~~~~「성령얼럭」~~~~~한해의
         ~~~~~~~~~~~~~~~~ 50년 째를 ~~~
  ~~~ 희년은 ~~~~~~~~~~~~ 「해방의 해」
  이므로 전통에서 희년의 선포는 노예들 해방시